<기적의 한글 학습> 최영환 교수의 받아쓰기 프로그램!
2007년 출간 이래 최고의 베스트셀러!

기적의 받아쓰기

개정판

4권 복잡한 소리의 변화 2

<초등 1학년~4학년>

길벗스쿨

〈기적의 한글 학습〉 최영환 교수의 국어 능력 향상 프로젝트!
2007년 출간 이래 받아쓰기 분야 최고의 베스트셀러!

기적의 받아쓰기 개정판 4권
The Miracle Dictation vol. 4

초판 1쇄 발행 · 2012년 2월 1일
초판 49쇄 발행 · 2022년 9월 16일

지은이 최영환
발행인 이종원
발행처 길벗스쿨
출판사 등록일 2006년 6월 16일
주소 서울시 마포구 월드컵로 10길 56 (서교동)
대표 전화 02)332-0931 **팩스** 02)322-3895
홈페이지 www.gilbutschool.co.kr **이메일** gilbut@gilbut.co.kr

기획 이수란 **담당 편집** 이경은(hey2892@gilbut.co.kr)
디자인 이도경 **교정교열** 신경아 **일러스트** 안녕달 **전산편집** 지누커뮤니케이션
녹음 및 편집 영레코드 **성우** 엄현정 **CTP 출력 및 인쇄** 대원문화사 **제본** 신정제본

- 잘못된 책은 구입한 서점에서 바꿔 드립니다.
- 이 책에 실린 모든 내용, 디자인, 이미지, 편집 구성의 저작권은 길벗스쿨과 지은이에게 있습니다.
  허락 없이 복제하거나 다른 매체에 옮겨 실을 수 없습니다.

 ISBN   978-89-92279-26-0 63710
 SET   978-89-92279-27-7
 (길벗스쿨 도서번호 10890)

가격 12,000원

독자의 1초를 아껴주는 정성 길벗출판사

길벗스쿨 | 국어학습서, 수학학습서, 유아학습서, 어학학습서, 어린이교양서, 교과서
길벗 | IT실용서, IT/일반 수험서, IT전문서, 경제실용서, 취미실용서, 건강실용서, 자녀교육서
더퀘스트 | 인문교양서, 비즈니스서
길벗이지톡 | 어학단행본, 어학수험서

받아쓰기는 외워쓰기가 아닙니다

받아쓰기를 하는 까닭은 단순히 남이 하는 말이나 글을 옮겨 적기 위함이 아닙니다.
이것은 받아쓰기의 기초 목표일 뿐입니다.

받아쓰기를 하는 최종 목표는 다른 사람의 말을 듣고, 그것의 의미를 파악하는 능력을 기르는 것입니다.
받아쓰기를 잘하면 다른 사람의 말소리를 듣고 그 의미를 더 잘 이해하게 됩니다.

학교에서 받아쓰기를 위해 미리 나누어 준 자료에 포함된 낱말이나 문장만 암기해서는 이 목표에 도달할 수 없습니다. 현재의 받아쓰기는 불러 주는 것을 받아쓰는 것이 아니라, 외운 것을 기억해서 쓰는 것입니다.
따라서 이런 방식으로 공부한 사람은 새로운 낱말이나 문장을 부르면 제대로 받아쓰지 못합니다.

받아쓰기 능력이 있는 사람은 말소리와 문자의 대응 관계를 잘 알기 때문에 한 번도 들어 본 적이 없는 낱말이나 문장이라도 그것이 무슨 낱말인지 빠르고 정확하게 파악할 수 있습니다. 소리와 문자의 대응 관계를 파악하는 원리를 중심으로 받아쓰기 학습을 해야 하는 이유가 바로 여기에 있습니다.

머리말

저는 초등학교 저학년 때 받아쓰기를 잘하지 못해서 늘 열 문제 중 두세 개는 틀렸습니다. 저의 받아쓰기 평균 점수는 70점~80점 정도로 기억됩니다. 선생님께서 집에서 받아쓰기를 공부하라고 하셔서 어머니와 열심히 공부하고 다음 날 학교에 가면, 선생님께서는 어제 공부했던 단원의 다음 단원에서 받아쓰기 문제를 내셨습니다. 그러면 저는 또다시 70점 정도의 점수를 유지할 수밖에 없었습니다.

요즘은 제 큰아이가 학교에서 받아쓰기를 합니다. 일주일에 1회~2회 받아쓰기를 하는데, 학교에서 받아쓰기를 할 자료를 미리 15개 정도 인쇄해서 보내 줍니다. 지난주에 공부한 것이 이번 주에 공부할 것보다 더 어려울 때도 많습니다. 집에서 열심히 외워서 학교에 가니 받아쓰기가 아니라 외워쓰기가 되는 것이죠. 무작정 15개를 외우려고 하니 아이도 힘들고, 가르치는 부모로서도 여간 어려운 것이 아닙니다.

이 책은 저의 어린 시절 기억과 제 아이가 요즘 겪는 고통을 바탕으로 만들었습니다. 왜 받아쓰기를 하는가? 받아쓰기를 어떻게 해야 하는가? 내가 정말 받아쓰기를 못하는 것인가? 아니면 받아쓰기 문제가 나쁜 것인가? 어린 시절 나의 질문은 이 시대 아이들의 질문이기도 하고, 부모님의 고민이기도 합니다.

받아쓰기는 왜 하는가?

받아쓰기를 하는 이유는 말소리를 글자로 표현할 수 있도록 하기 위해서입니다. 역사적으로 볼 때 과거에는 문자를 사용하는 능력이 사회 지배 계층만의 특권이었습니다. 현대 사회에서는 대부분의 정보가 문자로 전달되기 때문에, 문자를 학습한다는 것은 현대인으로 살아가기 위한 필수 요건이 된 지 오래입니다. 첨단 정보화 시대가 된 지금에 와서는 문자를 통한 의사소통 능력은 더욱더 중요해졌습니다. 따라서 아이들이 글을 통해 자유롭게 의사소통을 할 수 있는 능력을 길러 주기 위해서 받아쓰기를 하는 것입니다.

받아쓰기를 어떻게 해야 하는가?

　받아쓰기는 말소리를 듣고 '소리 나는 대로' 적으면서, '어법에 맞도록' 해야 합니다. 사실 이것이 어렵지요. '소리 나는 대로' 적더라도 '우리'보다는 '연필'이 어렵고, '어법에 맞도록' 해도 '놀이터'보다는 '빗방울'이 어렵습니다. 받아쓰기는 소리와 문자의 대응 관계를 중심으로, 단계적이고, 체계적으로 해야 합니다. 된소리되기, 자음동화, 구개음화 등 모든 것은 원리를 중심으로, 관련된 것끼리 묶어서 학습하여야 합니다.

 ## 정말 받아쓰기를 못하는 것인가?

　잘 불러 주면 잘 받아쓸 수 있습니다. 무엇을, 어떻게 불러 주는가에 따라 아이들의 받아쓰기 결과는 달라집니다. 아무것이나 닥치는 대로 불러 주면, 아이들은 받아쓰기를 하면서도 그 의미를 찾지 못합니다. 또, 불러 주는 부모님의 발음이 이상해도 틀릴 수밖에 없습니다. 찰떡같이 불러 주어야 찰떡같이 받아쓸 것이 분명합니다.

　이 책은 아이들을 위한 책입니다. 받아쓰기가 재미있고, 즐겁고, 유익한 것이 되도록 하기 위하여 만들었습니다. 이 책을 갖고 공부하는 저의 작은아이는 초등학생도 아닌데, 매일 저녁 받아쓰기를 하자고 조르고 있습니다. 원리를 알아 가며 받아쓰는 재미에 푹 빠졌기 때문입니다.

2006년 12월

저자 최영환

받아쓰기에 대한 이해

1. 받아쓰기의 개념

문자를 가진 모든 나라는 받아쓰기와 유사한 형태의 지도 과정을 가지고 있습니다. 받아쓰기는 소리와 문자의 대응 관계를 파악하는 능력을 필요로 하기 때문입니다.

국립 국어연구원에서 발행한 표준국어대사전에 의하면 받아쓰기는 다음과 같은 개념을 갖습니다.

> 📖 받아-쓰기
> ❶ 남이 하는 말이나 읽는 글을 들으면서 그대로 옮겨 씀. 또는 그런 일 ≒서취(書取). 받아쓰기 시험 부르는 대로 따라 쓴다고 노력했으니 받아쓰기가 제대로 되었는지 모르겠다.
> ❷ 남의 글씨나 글씨체를 그대로 따라 글씨를 씀. 또는 그런 일. 서예의 기본은 받아쓰기 연습에 있다.
> ❸ 목소리나 악기 소리 또는 음악 따위를 듣고 그대로 악보에 옮겨 씀. 또는 그런 일. 그가 부르는 노래는 음정이 엉망이라서 받아쓰기가 쉽지 않다.

2. 받아쓰기의 두 과정

초등학교에서 주로 하는 받아쓰기는 표준국어대사전에 제시된 ❶의 개념입니다. 남이 하는 말이나 읽는 글의 소리를 귀로 들어서, 문자로 쓰는 과정이 받아쓰기입니다. 여기에서 두 가지 과정이 존재합니다.

첫째는 귀로 듣는 과정이고, 둘째는 글로 옮기는 과정입니다. 귀로 듣는 과정에서는 소리를 구별해서 들어야 합니다. 소리를 구별하지 못하면 잘 쓸 수 없습니다. 우리나라 사람들은 자음이 19개(ㄱ, ㄴ, ㄷ, ㄹ, ㅁ, ㅂ, ㅅ, ㅇ, ㅈ, ㅊ, ㅋ, ㅌ, ㅍ, ㅎ, ㄲ, ㄸ, ㅃ, ㅆ, ㅉ), 모음 21개(ㅏ, ㅐ, ㅑ, ㅒ, ㅓ, ㅔ, ㅕ, ㅖ, ㅗ, ㅘ, ㅙ, ㅚ, ㅛ, ㅜ, ㅝ, ㅞ, ㅟ, ㅠ, ㅡ, ㅢ, ㅣ)를 구별할 수 있습니다. 그래서 이 40개의 소리만 구별할 수 있으면 일단 받아쓰기를 위한 준비가 되었다고 할 수 있습니다.

받아쓰기와 관련하여, 한글 맞춤법 총칙 제1항에는 "한글 맞춤법은 표준어를 소리대로 적되, 어법에 맞도록 함을 원칙으로 한다."고 규정하고 있습니다.

여기에서 '표준어를 소리대로 적는다.'는 것은 표준어의 발음 형태대로 적는다는 뜻입니다. 발음대로 적으면 받아쓰기가 된다는 뜻으로, 40개의 소리만 구별하고, 그 소리에 따라 적기만 하면 됩니다.

그런데 조건으로 붙어 있는 '어법에 맞도록 함을 원칙으로 한다.'는 것이 문제입니다. 규정의 설명에는 '어법(語法)'이란 언어 조직의 법칙, 또는 언어 운용의 법칙이라고 풀이된다. 어법에 맞도록 한다는 것은, 결국 뜻을 파악하기 쉽도록 하기 위하여 각 형태소의 본 모양을 밝히어 적는다는 말이다.'라고 되어 있습니다. 이 말을 쉽게 풀이하면 소리대로 적지 말고 원래의 형태를 적어야 한다는 것입니다. 즉, 받아쓰기를 할 때 소리 나는 대로 적으면 안 되고, 원래의 형태를 생각해서 소리와는 다르게 적는 것이 있다는 뜻입니다. 여기에서 받아쓰기의 어려움이 발생합니다.

3. 받아쓰기의 지도 순서

현재 대부분의 초등학교에서 받아쓰기를 합니다. 매주 1회~2회 정도 받아쓰기를 하는데, 학교에서 미리 받아쓰기를 할 자료를 나누어 주고 공부를 하게 됩니다. 그런데, 이 자료는 일정한 받아쓰기 원리에 의해 만들어진 것이 아니라, 국어과를 중심으로 한 교재에서 어려운 낱말이나 문장을 골라 나열한 것입니다. 그렇지만 초등학교 교과서의 낱말이나 문장이 어려운 순서에 따라 사용된 것은 아니므로 이런 지도 순서는 일정한 원리가 없습니다. 그래서 매주 받아쓰기의 목표가 분명하지 않고, 받아쓰기 자료들 사이의 체계도 없습니다. 그래서 가르치는 사람과 배우는 사람 모두 학습의 초점이 무엇인지 알지 못합니다. 이런 방식으로 받아쓰기 능력이 향상된다고 하기도 어렵습니다.

이런 문제를 해결하기 위하여, 이 책에서는 받아쓰기를 소리와 문자의 대응 관계를 중심으로 체계화하여 제시하였습니다. 소리와 문자가 일치하는 것은 쉽고 일치하지 않는 것은 어렵고, 받침이 없는 것은 쉽고 받침이 있는 것은 어려우며, 받침이 뒤의 모음에 연결되어 발음되는 것(연음)은 쉽고 받침과는 다른 발음으로 나타나는 것(대표음)이나 자음이 서로 닮아 가는 것(자음동화) 등은 어렵습니다. 이 책은 철저하게 이 순서를 반영하여 학습의 난이도를 조절하고 체계적인 학습이 가능하도록 하였습니다.

4. 받아쓰기의 도달 목표

받아쓰기를 하는 까닭은 '남이 하는 말이나 읽는 글'을 옮겨 적기 위한 것이 아닙니다. 이것은 단순히 받아쓰기의 기초 목표일뿐입니다. 받아쓰기를 하는 최종 목표는 다른 사람의 말을 듣고 그것의 의미를 파악하는 능력을 기르는 것입니다. 즉, 받아쓰기를 잘 하면 다른 사람의 말소리를 듣고 그 의미를 더 잘 이해하게 됩니다. 학교에서 받아쓰기를 위해 나누어 준 자료에 포함된 낱말이나 문장만 암기해서는 이 목표에 도달할 수 없습니다. 현재의 받아쓰기는 부르는 것을 받아쓰는 것이 아니라, 외운 것을 기억해서 쓰는 것입니다. 따라서 이런 방식으로 공부한 사람은 새로운 낱말이나 문장을 부르면 제대로 받아쓰지 못합니다.

받아쓰기 능력이 있는 사람은 말소리와 문자의 대응 관계를 잘 알기 때문에, 한 번도 들어 본 적이 없는 낱말이나 문장이라도 그것이 무슨 낱말인지 어떤 문장인지 빠르고 정확하게 파악할 수 있습니다. 소리와 문자의 대응 관계를 파악하는 원리를 중심으로 받아쓰기 학습을 해야 하는 이유가 바로 여기에 있습니다.

이 책의 구성

이 책은 받아쓰기 능력을 길러 주기 위해 크게 두 가지 측면에서 접근하였습니다.

1. 원리 중심의 학습

이 책은 받아쓰기의 원리를 학습할 수 있는 체계적인 학습이 되도록 하기 위하여 총 4권 16장 40단계로 체계를 구성하였습니다. 1권은 소리와 문자가 일치하는 것만을 담았고, 2권~4권은 소리와 문자가 일치하지 않는 것을 담았습니다. 각 권은 4개의 장으로 구성되며, 각 장은 2~3개의 학습 목표 군으로 이루어졌습니다.

권	장	제목	단계	내용
1권	1장	받침이 없는 쉬운 음절	1단계	쉬운 모음과 자음이 있는 음절을 써요
			2단계	어려운 자음이 있는 음절을 써요
			3단계	헷갈리는 모음이 있는 음절을 써요
	2장	받침이 있는 쉬운 음절	4단계	받침 'ㅇ, ㄹ, ㅁ'이 있는 음절을 써요
			5단계	받침 'ㄱ, ㄴ, ㅂ'이 있는 음절을 써요
	3장	받침이 없는 어려운 음절	6단계	모음 'ㅕ, ㅟ'를 구별해요
			7단계	모음 'ㅐ, ㅔ, ㅢ'를 구별해요
			8단계	모음 'ㅚ, ㅙ, ㅞ'를 구별해요
	4장	받침이 있는 어려운 음절	9단계	받침과 어려운 모음이 있는 음절을 써요 1
			10단계	받침과 어려운 모음이 있는 음절을 써요 2
2권	1장	연음법칙 1	11단계	받침 'ㄹ, ㅁ'이 뒤로 넘어가요
			12단계	받침 'ㄱ, ㄴ, ㅂ'이 뒤로 넘어가요
			13단계	어려운 모음 아래 받침이 뒤로 넘어가요
	2장	연음법칙 2	14단계	받침 'ㅋ, ㄲ, ㅍ'이 뒤로 넘어가요
			15단계	받침 'ㄷ, ㅅ, ㅆ, ㅈ, ㅊ, ㅌ'이 뒤로 넘어가요
	3장	된소리되기 1	16단계	받침 'ㄱ, ㄷ, ㅂ' 때문에 된소리가 나요
			17단계	받침 'ㄴ, ㄹ, ㅁ, ㅇ' 때문에 된소리가 나요
			18단계	어려운 모음 아래 받침 때문에 된소리가 나요
	4장	된소리되기 2	19단계	'ㅋ, ㄲ, ㅍ' 때문에 된소리가 나요
			20단계	'ㅅ, ㅆ, ㅈ, ㅊ, ㅌ' 때문에 된소리가 나요
3권	1장	구개음화와 거센소리되기	21단계	'ㄷ'을 'ㅈ'으로 발음해요
			22단계	'ㅎ' 뒤에서 거센소리가 나요
			23단계	받침 때문에 'ㅎ'이 바뀌어요
	2장	음절의 끝소리	24단계	받침을 'ㅂ'과 'ㄱ'으로 발음해요
			25단계	받침을 'ㄷ'으로 발음해요
	3장	자음동화	26단계	'ㄱ, ㄲ, ㅋ'의 발음이 달라져요
			27단계	'ㄷ, ㅂ'의 발음이 달라져요
			28단계	'ㄴ, ㄹ'의 발음이 달라져요
	4장	틀리기 쉬운 것들	29단계	된소리로 쓰면 안 돼요
			30단계	소리는 같지만 글자가 달라요
4권	1장	사이시옷	31단계	뒷말의 첫소리가 된소리로 나요
			32단계	앞말에 'ㄴ' 소리가 덧나요
			33단계	앞말과 뒷말에 'ㄴ' 소리를 두 번 붙여요
	2장	겹받침 쓰기	34단계	받침이 두 개일 때 이렇게 발음해요 1
			35단계	받침이 두 개일 때 이렇게 발음해요 2
	3장	음운첨가	36단계	'ㄴ' 소리를 넣어서 발음해요
			37단계	'ㄹ' 소리를 넣어서 발음해요
			38단계	두 낱말 사이에 'ㄴ'이나 'ㄹ'을 넣어 발음해요
	4장	외워야 할 것들	39단계	외워서 써야 해요
			40단계	'이'나 '히'로 써요

🥕 각 장의 뒤에는 중간 평가를 두고, 2개 장씩 묶어 종합 평가를 통해 학습 내용을 정리할 수 있도록 하였습니다.

2. 자기 주도 학습 적용

받아쓰기는 학습자가 원리를 알고 적용할 수 있어야 합니다. 누군가가 불러 주는 것을 받아쓰는 것이라는 생각 때문에 받아쓰기는 혼자 학습할 수 없다고 생각하기도 하는데, 이 책은 이런 편견을 없앴습니다. 즉 학습자가 스스로 혼자 학습하고, 이를 교사나 학부모가 확인하기 위해 받아쓰기를 하도록 구성하였습니다. 이를 위해 크게 다음의 8개 요소를 일정한 순서에 따라 배열하였습니다.

어구와 문장 받아쓰기 ❶, ❷
학습 방법 | 핵심 요소 파악, 준비 학습
참여 주체 | 학습자

어구와 문장 연습하기 ❷
학습 방법 | 핵심 요소 파악, 준비 학습
참여 주체 | 학습자

어구와 문장 연습하기 ❶
학습 방법 | 핵심 요소 파악, 준비 학습
참여 주체 | 학습자

낱말 받아쓰기 ❶, ❷
학습 방법 | 핵심 요소 파악, 준비 학습
참여 주체 | 학습자

낱말 연습하기 ❷
학습 방법 | 핵심 요소 파악, 준비 학습
참여 주체 | 학습자

낱말 연습하기 ❶
학습 방법 | 핵심 요소 파악, 준비 학습
참여 주체 | 학습자

기초 연습
학습 방법 | 핵심 요소 파악, 준비 학습
참여 주체 | 학습자

출발

이 책을 통해 학습자는 스스로 학습하면서 받아쓰기의 일정 단계에 필요한 원리를 알게 되고, 교사나 학부모와 함께 받아쓰기를 하면서 학습한 내용을 점검하고 재확인하게 됩니다. 또한 낱말을 중심으로 중점 학습 내용을 연습하고, 문장을 통해 그 결과를 적용하는 연습을 하게 됩니다.

이 책을 보는 방법

❶ 목표 확인

이 책은 받아쓰기를 40단계로 나누어서 차례로 공부합니다. 단계의 이름은 소리와 문자의 관계에 대한 설명이고, 목표는 그 중에서 초점으로 두어야 할 것에 대한 안내입니다. 목표를 늘 생각하면서 학습하면 학습 효과가 높고 학습 내용을 오래 기억할 수 있습니다.

❷ 준비 학습(연습하기)

받아쓰기를 하기 전에 미리 준비를 합니다. 운동을 하기 전에 적당한 준비 운동이 필요하듯이, 받아쓰기 전에 학습할 내용의 기초가 되는 것을 살펴봅니다. 몇 개의 글자에 집중하면 받아쓰기를 하는 데 도움이 됩니다.

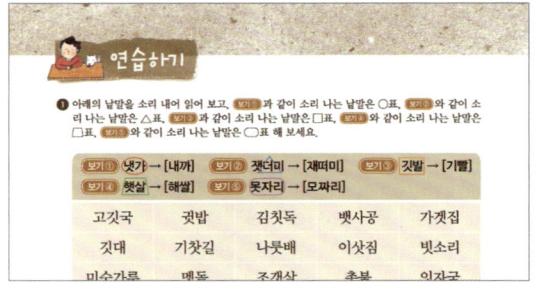

❸ 낱말 연습하기 1(1회)

★ 아이 스스로 공부하게 하십시오.

받아쓰기는 낱말에서부터 시작해서 어구나 문장으로 확장합니다. 낱말도 그림을 통해 뜻을 알려 주고, 글자도 보여 주어, 아이가 글자를 보고 익히는 단계입니다.

❹ 낱말 연습하기 2(2회)

★ 아이 스스로 공부하게 하십시오.

수수께끼처럼 만들어서 혼자서 재미있게 공부할 수 있습니다. 글자의 형태를 익힐 수 있도록 하는 단계이고, 틀리기 쉬운 것과 섞여 있어서 아이가 무엇을 어려워하는 지 판단할 수 있는 자료가 됩니다.

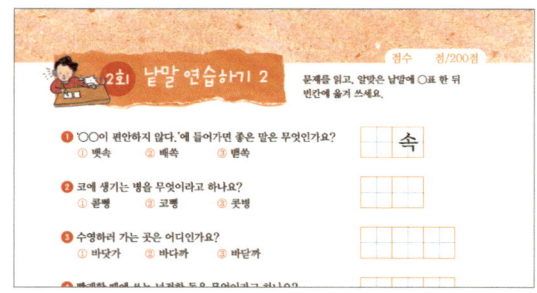

★**중간 평가 1, 2회** – 각 장이 끝날 때마다 그 장에서 배운 내용을 확인합니다.
★**종합 평가 1, 2회** – 2개의 장이 끝날 때마다 그 장에서 배운 내용을 확인합니다.

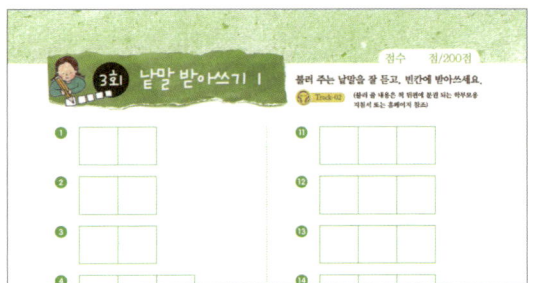

❺ 낱말 받아쓰기 1, 2(3회, 4회)

★ 선생님이나 부모님과 함께 공부하십시오.

　받아쓰기는 불러 주는 말을 글자로 옮기는 것입니다. 학습할 목표가 반영된 낱말들만 골라서 불러 주게 하였습니다. 40개의 낱말이 있으므로 1~4회로 나누어 사용할 수 있습니다. 문제에 🎧이 있는 페이지는 길벗스쿨 홈페이지(www.gilbutschool.co.kr)에서 불러 주기용 MP3 파일이 제공됩니다. 부모님께서 직접 불러 주실 것을 권장하지만, 어려우실 경우 홈페이지에 있는 파일을 다운받아 사용해 주십시오.

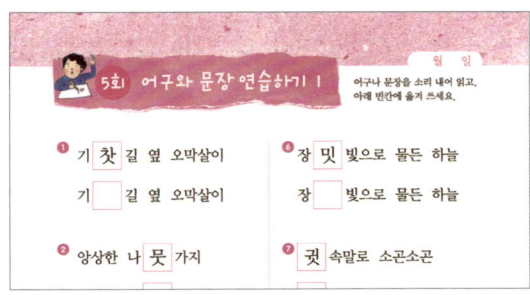

❻ 어구와 문장 연습하기 1(5회)

★ 아이 스스로 공부하게 하십시오.

　낱말이 문장 속에 있을 때에도 틀리지 않고 받아쓸 수 있도록 연습하는 과정입니다. 두 개 이상의 낱말을 비교하면서 차이를 확인하도록 했으므로 정확하게 기억하는 데 도움이 됩니다.

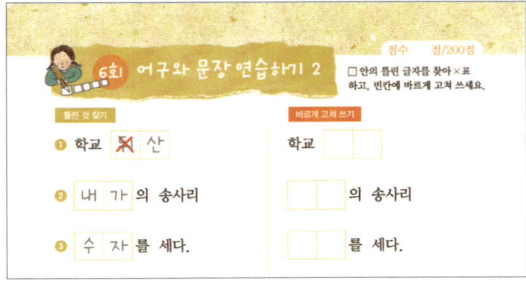

❼ 어구와 문장 연습하기 2(6회)

★ 아이 스스로 공부하게 하십시오.

　잘못 쓴 글자를 보면서 고치도록 하는 과정입니다. 다른 사람이 틀리게 쓴 것을 고치면서 바른 형태를 알게 됩니다. 문장 받아쓰기를 위한 마지막 준비 과정이므로 열심히 해야 합니다.

❽ 어구와 문장 받아쓰기 1, 2(7회, 8회)

★ 선생님이나 부모님과 함께 공부하십시오.

　받아쓰기의 마지막 과정입니다. 어구와 문장 속의 낱말을 잘 받아쓸 수 있는지 확인합니다. 문제에 🎧이 있는 페이지는 길벗스쿨 홈페이지(www.gilbutschool.co.kr)에서 불러 주기용 MP3 파일이 제공됩니다. 부모님께서 직접 불러 주실 것을 권장하지만, 어려우실 경우 홈페이지에 있는 파일을 다운받아 사용해 주십시오.

★홈페이지에 제공된 불러 주기용 파일은 MBC 성우의 음성으로, 정확한 발음을 제공합니다.
★이 책에 실린 모든 낱말의 맞춤법과 띄어쓰기는 국립국어원의 표준국어대사전에 의거합니다.

차례

머리말 4
받아쓰기에 대한 이해 6
이 책의 구성 8
이 책을 보는 방법 10

1장 … 사이시옷

제 31단계 뒷말의 첫소리가 된소리로 나요 14

연습하기 15
1회 낱말 연습하기 1 16
2회 낱말 연습하기 2 17
3회 낱말 받아쓰기 1 18
4회 낱말 받아쓰기 2 19
5회 어구와 문장 연습하기 1 20
6회 어구와 문장 연습하기 2 21
7회 어구와 문장 받아쓰기 1 22
8회 어구와 문장 받아쓰기 2 23

제 32단계 앞말에 'ㄴ' 소리가 덧나요 24

연습하기 25
1회 낱말 연습하기 1 26
2회 낱말 연습하기 2 27
3회 낱말 받아쓰기 1 28
4회 낱말 받아쓰기 2 29
5회 어구와 문장 연습하기 1 30
6회 어구와 문장 연습하기 2 31
7회 어구와 문장 받아쓰기 1 32
8회 어구와 문장 받아쓰기 2 33

제 33단계 앞말과 뒷말에 'ㄴ' 소리를 두 번 붙여요 34

연습하기 35
1회 낱말 연습하기 1 36
2회 낱말 연습하기 2 37
3회 낱말 받아쓰기 1 38
4회 낱말 받아쓰기 2 39
5회 어구와 문장 연습하기 1 40
6회 어구와 문장 연습하기 2 41
7회 어구와 문장 받아쓰기 1 42
8회 어구와 문장 받아쓰기 2 43

★ 중간 평가 1회 44

2장 … 겹받침 쓰기

제 34단계 받침이 두 개일 때 이렇게 발음해요 1 48

연습하기 49
1회 낱말 연습하기 1 50
2회 낱말 연습하기 2 51
3회 낱말 받아쓰기 1 52
4회 낱말 받아쓰기 2 53
5회 어구와 문장 연습하기 1 54
6회 어구와 문장 연습하기 2 55
7회 어구와 문장 받아쓰기 1 56
8회 어구와 문장 받아쓰기 2 57

제 35단계 받침이 두 개일 때 이렇게 발음해요 2 58

연습하기 59
1회 낱말 연습하기 1 60
2회 낱말 연습하기 2 61
3회 낱말 받아쓰기 1 62
4회 낱말 받아쓰기 2 63
5회 어구와 문장 연습하기 1 64
6회 어구와 문장 연습하기 2 65
7회 어구와 문장 받아쓰기 1 66
8회 어구와 문장 받아쓰기 2 67

★ 종합 평가 1회 … 68

3장 … 음운첨가

제 36단계 'ㄴ' 소리를 넣어서 발음해요 … 74

연습하기 … 75
1회 낱말 연습하기 1 … 76
2회 낱말 연습하기 2 … 77
3회 낱말 받아쓰기 1 … 78
4회 낱말 받아쓰기 2 … 79
5회 어구와 문장 연습하기 1 … 80
6회 어구와 문장 연습하기 2 … 81
7회 어구와 문장 받아쓰기 1 … 82
8회 어구와 문장 받아쓰기 2 … 83

제 37단계 'ㄹ' 소리를 넣어서 발음해요 … 84

연습하기 … 85
1회 낱말 연습하기 1 … 86
2회 낱말 연습하기 2 … 87
3회 낱말 받아쓰기 1 … 88
4회 낱말 받아쓰기 2 … 89
5회 어구와 문장 연습하기 1 … 90
6회 어구와 문장 연습하기 2 … 91
7회 어구와 문장 받아쓰기 1 … 92
8회 어구와 문장 받아쓰기 2 … 93

제 38단계 두 낱말 사이에 'ㄴ'이나 'ㄹ'을 넣어 발음해요 … 94

연습하기 … 95
1회 낱말 연습하기 1 … 96
2회 낱말 연습하기 2 … 97
3회 낱말 받아쓰기 1 … 98
4회 낱말 받아쓰기 2 … 99
5회 어구와 문장 연습하기 1 … 100
6회 어구와 문장 연습하기 2 … 101
7회 어구와 문장 받아쓰기 1 … 102
8회 어구와 문장 받아쓰기 2 … 103

★ 중간 평가 2회 … 104

4장 … 외워야 할 것들

제 39단계 외워서 써야 해요 … 108

연습하기 … 109
1회 낱말 연습하기 1 … 110
2회 낱말 연습하기 2 … 111
3회 낱말 받아쓰기 1 … 112
4회 낱말 받아쓰기 2 … 113
5회 어구와 문장 연습하기 1 … 114
6회 어구와 문장 연습하기 2 … 115
7회 어구와 문장 받아쓰기 1 … 116
8회 어구와 문장 받아쓰기 2 … 117

제 40단계 '이'나 '히'로 써요 … 118

연습하기 … 119
1회 낱말 연습하기 1 … 120
2회 낱말 연습하기 2 … 121
3회 낱말 받아쓰기 1 … 122
4회 낱말 받아쓰기 2 … 123
5회 어구와 문장 연습하기 1 … 124
6회 어구와 문장 연습하기 2 … 125
7회 어구와 문장 받아쓰기 1 … 126
8회 어구와 문장 받아쓰기 2 … 127

★ 종합 평가 2회 … 128

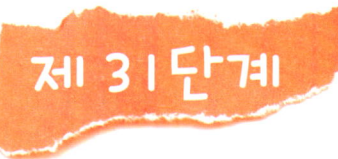

뒷말의 첫소리가 된소리로 나요

★이것을 공부해요★

앞 글자가 모음으로 끝나고, 뒷글자가 'ㄱ, ㄷ, ㅂ, ㅅ, ㅈ'으로 시작하는 낱말에서 뒷글자의 첫소리가 된소리로 발음되면 사이시옷을 붙입니다.

다음 대화를 읽어 보세요.

'외갓집'은 [외가찝]으로 읽고 '바닷가'는 [바다까]로 읽습니다. 사이시옷의 발음은 두 가지로 할 수 있습니다. '외갓집'은 [외가찝/외갇찝] 두 가지 모두 가능하지만 앞의 것처럼 발음하는 것이 더 좋습니다.

★학습 목표★

• 사이시옷을 붙이는 낱말 알기 1
• 뒷글자의 첫소리가 평음(ㄱ, ㄷ, ㅂ, ㅅ, ㅈ)인데 된소리로 발음될 때 사이시옷 붙이기

연습하기

❶ 아래의 낱말을 소리 내어 읽어 보고, 보기①과 같이 소리 나는 낱말은 ○표, 보기②와 같이 소리 나는 낱말은 △표, 보기③과 같이 소리 나는 낱말은 □표, 보기④와 같이 소리 나는 낱말은 □표, 보기⑤와 같이 소리 나는 낱말은 ○표 해 보세요.

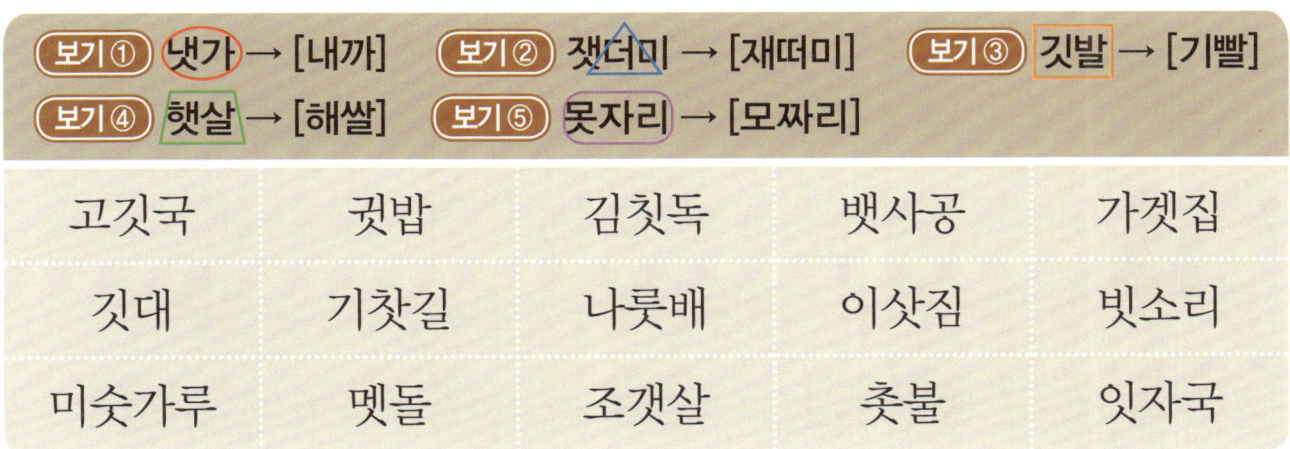

고깃국	귓밥	김칫독	뱃사공	가겟집
깃대	기찻길	나룻배	이삿짐	빗소리
미숫가루	멧돌	조갯살	촛불	잇자국

❷ 다음 그림과 낱말을 보고, 소리 내어 읽은 후 빈칸에 옮겨 쓰세요.

 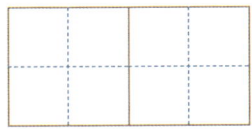

 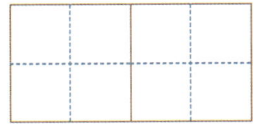

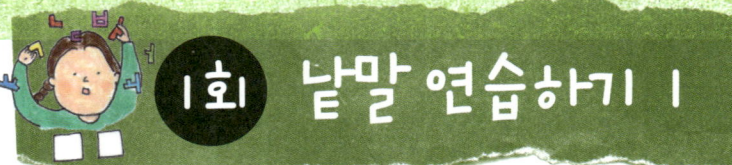

1회 낱말 연습하기 1

빈칸에 글자를 옮겨 쓰고, 소리 내어 읽어 보세요.

월   일

1.  냇가
2.  샛길
3.  맷돌
4.  햇볕
5.  깃발

6.  햇살
7.  찻잔
8.  뱃전
9.  잿더미
10.  조갯살

2회 낱말 연습하기 2

점수   점/200점

문제를 읽고, 알맞은 낱말에 ○표 한 뒤 빈칸에 옮겨 쓰세요.

1 '○○이 편안하지 않다.'에 들어가면 좋은 말은 무엇인가요?
① 뱃속   ② 배쏙   ③ 밷쏙

| | 속 |

2 코에 생기는 병을 무엇이라고 하나요?
① 콘뼝   ② 코뼝   ③ 콧병

3 수영하러 가는 곳은 어디인가요?
① 바닷가   ② 바다까   ③ 바닫까

4 빨래할 때에 쓰는 넓적한 돌을 무엇이라고 하나요?
① 빨래똘   ② 빨랜똘   ③ 빨랫돌

5 '○○○이 텅 비다.'에 들어갈 알맞은 말은 무엇인가요?
① 머리쏙   ② 머릿속   ③ 머릳쏙

6 대패질할 때 깎여 나오는 얇은 나무 조각들은 무엇인가요?
① 대팻밥   ② 대패빱   ③ 대팯빱

7 외할아버지나 외할머니가 계시는 집을 무엇이라고 하나요?
① 외가찝   ② 외갓집   ③ 웨갇찝

8 기둥 밑에 기초로 받쳐 놓은 돌의 이름은 무엇인가요?
① 주추똘   ② 주춘똘   ③ 주춧돌

9 볍씨를 뿌려 모를 기르는 곳을 무엇이라고 하나요?
① 못자리   ② 모짜리   ③ 몯짜리

10 나무의 줄기에서 뻗어 나는 가지는 무엇인가요?
① 나무까지   ② 나뭇가지   ③ 나묻까지

3회 낱말 받아쓰기 1

점수   점/200점

불러 주는 낱말을 잘 듣고, 빈칸에 받아쓰세요.

Track-02 (불러 줄 내용은 책 뒤편에 분권 되는 학부모용 지침서 또는 홈페이지 참조)

1.
2.
3.
4.
5.
6.
7.
8.
9.
10.
11.
12.
13.
14.
15.
16.
17.
18.
19.
20.

4회 낱말 받아쓰기 2

점수   점/200점

불러 주는 낱말을 잘 듣고, 빈칸에 받아쓰세요.

 Track-03

5회 어구와 문장 연습하기 1

어구나 문장을 소리 내어 읽고, 아래 빈칸에 옮겨 쓰세요.

① 기 찻 길 옆 오막살이

　 기 □ 길 옆 오막살이

② 앙상한 나 뭇 가지

　 앙상한 나 □ 가지

③ 잿 더미가 된 도시

　 □ 더미가 된 도시

④ 전 봇 대처럼 키가 크다.

　 전 □ 대처럼 키가 크다.

⑤ 빗 방울 전주곡

　 □ 방울 전주곡

⑥ 장 밋 빛으로 물든 하늘

　 장 □ 빛으로 물든 하늘

⑦ 귓 속말로 소곤소곤

　 □ 속말로 소곤소곤

⑧ 따가운 여름 햇 살

　 따가운 여름 □ 살

⑨ 부 잣 집 맏며느리

　 부 □ 집 맏며느리

⑩ 잇 자국이 선명하다.

　 □ 자국이 선명하다.

6회 어구와 문장 연습하기 2

점수   점/200점

□ 안의 틀린 글자를 찾아 ×표 하고, 빈칸에 바르게 고쳐 쓰세요.

틀린 것 찾기 | **바르게 고쳐 쓰기**

1. 학교 ㄨ 산 → 학교 ☐ ☐
2. 내 가 의 송사리 → ☐ ☐ 의 송사리
3. 수 자 를 세다. → ☐ ☐ 를 세다.
4. ㄨ 솔 과 치약 → ☐ ☐ 과 치약
5. 매 돌 에 콩을 갈아서 → ☐ ☐ 에 콩을 갈아서
6. 코 등 이 찡하다. → ☐ ☐ 이 찡하다.
7. 어 ㄨ 밤 꿈에 → ☐ ☐ ☐ 꿈에
8. 참새와 방 아 간 → 참새와 ☐ ☐ ☐
9. 등 교 길 에 만난 친구 → ☐ ☐ ☐ 에 만난 친구
10. 떡국과 만 두 국 → 떡국과 ☐ ☐ ☐

21

7회 어구와 문장 받아쓰기 1

점수 점/200점

불러 주는 말을 잘 듣고, 띄어쓰기에 유의하며 받아쓰세요.

 Track-04

8회 어구와 문장 받아쓰기 2

점수   점/200점

불러 주는 말을 잘 듣고, 띄어쓰기에 유의하며 받아쓰세요.

 Track-05

앞말에 'ㄴ' 소리가 덧나요

★이것을 공부해요★

　'아랫니'는 [아랜니]로 읽고 '잇몸'은 [인몸]으로 읽습니다. 앞 글자가 모음으로 끝나고, 뒷글자가 'ㄴ, ㅁ'으로 시작하는 낱말에서 이유 없이 앞 글자의 받침에 'ㄴ'이 덧붙여져 소리 나면 앞 글자의 받침으로 'ㅅ'을 붙여 씁니다.

★학습 목표★

- 사이시옷을 붙이는 낱말 알기 2
- 앞 글자가 모음으로 끝나고 뒷글자의 첫소리가 'ㄴ, ㅁ'일 때 앞 글자에 'ㄴ'을 덧붙여 발음하면 사이시옷 붙이기

연습하기

❶ 아래의 낱말을 소리 내어 읽어 보고, 보기① 과 같이 소리 나는 낱말은 ○표, 보기② 와 같이 소리 나는 낱말은 △표 해 보세요.

보기① 아랫니 → [아랜니]		보기② 잇몸 → [인몸]
건넛마을	냇물	뱃노래
뒷문	노랫말	옛날
콧날	수돗물	진딧물

❷ 다음 그림과 낱말을 보고, 소리 내어 읽은 후 빈칸에 옮겨 쓰세요.

 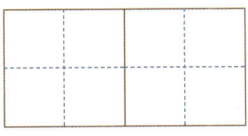

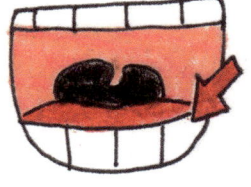 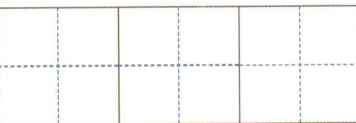

1회 낱말 연습하기 1

빈칸에 글자를 옮겨 쓰고, 소리 내어 읽어 보세요.

1.  촛 | 농
2.  냇 | 물
3.  빗 | 물
4.  깻 | 묵
5.  윗 | 눈 | 썹

6.  제 | 삿 | 날
7.  한 | 가 | 윗 | 날
8.  뱃 | 놀 | 이
9.  수 | 돗 | 물
10.  뱃 | 머 | 리

2회 낱말 연습하기 2

문제를 읽고, 알맞은 낱말에 ○표 한 뒤 빈칸에 옮겨 쓰세요.

점수   점/200점

1. '○○ 터지듯 나오는 울음'에 알맞은 말은 무엇인가요?
   ① 봇물   ② 보물   ③ 본물

2. 돌아가신 분에게 제사 지내는 날을 무엇이라고 하나요?
   ① 제사날   ② 제산날   ③ 제삿날

3. 기분이 좋을 때 흥얼거리는 것은 무엇인가요?
   ① 콘노래   ② 콧노래   ③ 코노래

4. '○○○ 가자.'에 알맞은 말은 무엇인가요?
   ① 뱃놀이   ② 밴놀이   ③ 배놀이

5. 뒤를 보면서 무엇인가를 확인하는 것을 무엇이라고 하나요?
   ① 뒷눈질   ② 된눈질   ③ 뒤눈질

6. 소금 성분 때문에 짠 물은 무엇인가요?
   ① 바닷물   ② 바다물   ③ 바단물

7. 산나물을 다른 말로 무엇이라고 하나요?
   ① 멘나물   ② 멧나물   ③ 메나물

8. 식물의 줄기 등에 모여서 진을 빨아먹는 해충은 무엇인가요?
   ① 진디물   ② 진딧물   ③ 진딘물

9. 건너편에 있는 마을을 뜻하는 말은 무엇인가요?
   ① 건너마을   ② 건넌마을   ③ 건넛마을

10. 베개를 베고 누웠을 때 머리 쪽에 가까운 곳은 무엇인가요?
    ① 베개머리   ② 베갯머리   ③ 베갠머리

3회 낱말 받아쓰기 1

점수   점/200점

불러 주는 낱말을 잘 듣고, 빈칸에 받아쓰세요.
Track-06

1.
2.
3.
4.
5.
6.
7.
8.
9.
10.
11.
12.
13.
14.
15.
16.
17.
18.
19.
20.

4회 낱말 받아쓰기 2

점수   점/200점

불러 주는 낱말을 잘 듣고, 빈칸에 받아쓰세요.

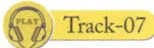 Track-07

5회 어구와 문장 연습하기 1

어구나 문장을 소리 내어 읽고, 아래 빈칸에 옮겨 쓰세요.

월   일

1. 콧날이 오뚝하다.
   □날이 오뚝하다.

2. 한가윗날 아침에
   한가□날 아침에

3. 노 저으며 부르는 뱃노래
   노 저으며 부르는 □노래

4. 저 아랫녘 남도에서는
   저 아□녘 남도에서는

5. 윗눈썹이 길어 인형 같다.
   □눈썹이 길어 인형 같다.

6. 냇물에 발을 담그다.
   □물에 발을 담그다.

7. 나뭇잎에 진 딧물이
   나뭇잎에 진 □물이

8. 혼잣말로 중얼거리면서
   혼□말로 중얼거리면서

9. 정류장 팻말
   정류장 □말

10. 건넛마을 큰댁에
    건□마을 큰댁에

6회 어구와 문장 연습하기 2

점수   점/200점

□ 안의 틀린 글자를 찾아 ×표 하고, 빈칸에 바르게 고쳐 쓰세요.

틀린 것 찾기　　　　　　　　　**바르게 고쳐 쓰기**

1. 뒤 맛 이 개운하다.　　　　　□□ 이 개운하다.
2. 초 농 이 굴러 떨어져　　　　□□ 이 굴러 떨어져
3. 이가 없으면 이 몸 으로　　　이가 없으면 □□ 으로
4. 뒤 눈 질 로 슬금슬금　　　　□□□ 로 슬금슬금
5. 할아버지 제 ✕ 날　　　　　 할아버지 □□□
6. 출렁이는 바 다 물　　　　　 출렁이는 □□□
7. 세 수 물 을 뜨다.　　　　　 □□□ 을 뜨다.
8. 어른께는 존 ✕ 말 로　　　　어른께는 □□□ 로
9. 할머니의 예 날 이야기　　　 할머니의 □□ 이야기
10. 아 래 눈 시 울 이 붉어　　 □□□□ 이 붉어

7회 어구와 문장 받아쓰기 1

점수   점/200점

불러 주는 말을 잘 듣고, 띄어쓰기에 유의하며 받아쓰세요.

 Track-08

8회 어구와 문장 받아쓰기 2

점수   점/200점

불러 주는 말을 잘 듣고, 띄어쓰기에 유의하며 받아쓰세요.

 Track-09

앞말과 뒷말에 'ㄴ' 소리를 두 번 붙여요

★이것을 공부해요★

'깻잎'은 [깬닙]으로 읽고 '아랫입술'은 [아랜닙쑬]로 읽습니다. 앞 글자가 모음으로 끝나고, 뒷글자의 첫소리가 모음일 때, 앞 글자의 받침으로 'ㄴ'을 덧붙이고 뒷글자의 첫소리로 'ㄴ'을 덧붙여 'ㄴ'이 두 번 발음 되면 앞 글자의 받침으로 'ㅅ'을 붙여 씁니다.

★학습 목표★

- 사이시옷을 붙이는 낱말 알기 3
- 모음으로 끝난 앞 글자의 받침으로 'ㄴ', 뒷글자의 첫소리로 'ㄴ'을 덧붙여 발음 할 때 사이시옷 붙이기

 연습하기

❶ 아래의 낱말을 소리 내어 읽어 보고, 보기 와 같이 소리 나는 낱말은 ○표 해 보세요.

보기 깻잎 → [깬닙]		
나뭇잎	미숫가루	댓잎
깃발	뒷일	맷돌
숫염소	조갯살	윗입술

❷ 다음 그림과 낱말을 보고, 소리 내어 읽은 후 빈칸에 옮겨 쓰세요.

 깻잎

 나뭇잎

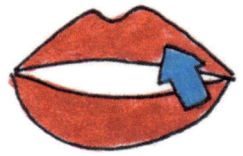 윗입술

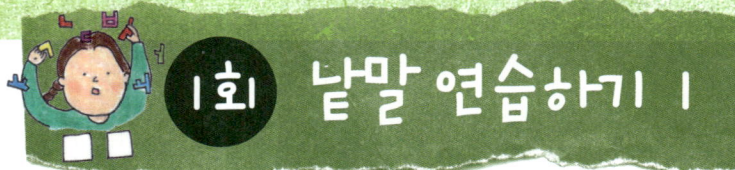 **1회 낱말 연습하기 1**

빈칸에 글자를 옮겨 쓰고, 소리 내어 읽어 보세요.

1.  깻잎
2.  숫양
3.  댓잎
4.  욧잇
5.  나뭇잎
6.  윗입술
7.  숫염소
8.  베갯잇
9. 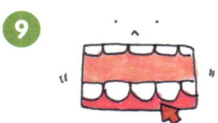 아랫잇몸
10.  도리깻열

점수   점/200점

❶ 뒤에 일어날 일을 두 글자로 줄이면 무엇인가요?
　① 뒨닐　　② 뒷일　　③ 뒤일

|뒷|일|

❷ '뒷일'과 뜻이 비슷한 말은 무엇인가요?
　① 후일　　② 훗일　　③ 훈닐

❸ 대나무의 잎을 두 글자로 줄이면 무엇인가요?
　① 대잎　　② 댓잎　　③ 댄닙

❹ 요의 몸에 닿는 쪽에 시치는 흰 헝겊은 무엇인가요?
　① 욧잇　　② 요잇　　③ 욘닛

❺ 음식을 먹고 난 뒤 입에서 느끼는 맛을 무엇이라고 하나요?
　① 뒨님맛　② 뒤입맛　③ 뒷입맛

❻ 사람들 각자의 일을 세 글자로 무엇이라고 하나요?
　① 사삿일　② 사사일　③ 사산닐

❼ 보통 흔히 있는 일을 뜻하는 말을 무엇이라고 하나요?
　① 예사일　② 예산닐　③ 예삿일

❽ 필요 밖의 일을 뜻하는 말은 무엇인가요?
　① 가윗일　② 가윈닐　③ 가외일

❾ 여러 사람이 두레를 짜서 함께하는 농사일은 무엇인가요?
　① 두레일　② 두렌닐　③ 두렛일

❿ 중요하지 않고 허름한 일을 뜻하는 말은 무엇인가요?
　① 허드렛일　② 허드레일　③ 허드렌닐

37

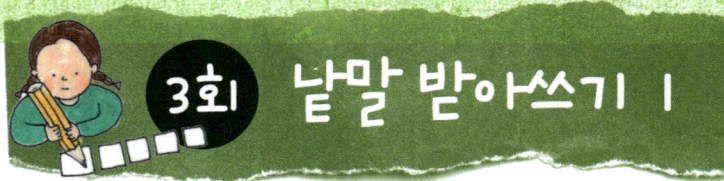

3회 낱말 받아쓰기 1

점수   점/200점

불러 주는 낱말을 잘 듣고, 빈칸에 받아쓰세요.

 Track-10

1.
2.
3.
4.
5.
6.
7.
8.
9.
10.
11.
12.
13.
14.
15.

📖 꼭 알아두기

해님(○)과 햇님(✕)

'해님'을 '햇님'으로 쓰는 것은 잘못입니다. '해님'은 '형님, 토끼님, 거북이님'처럼 '해'에 '-님'이 붙은 말입니다. 이때 '님'이 붙은 말 앞에는 'ㅅ'을 넣지 않는 것이 맞습니다. 읽을 때에도 [해님], [토끼님], [거부기님]으로 읽어야 합니다. '해님'과 '햇살, 햇볕'은 다르게 만들어진 말입니다.

4회 낱말 받아쓰기 2

점수   점/200점

불러 주는 낱말을 잘 듣고, 빈칸에 받아쓰세요.

 Track-11

1.
2.
3.
4.
5.
6.
7.
8.
9.
10.
11.
12.
13.
14.
15.

📖 꼭 알아두기

귓속(○)과 귀속(×)

'귀속', '코속'은 '귓속', '콧속'으로 적어야 합니다. 이 말들은 각각 [귀쏙], [코쏙]으로 소리 납니다. 이렇게 소리 나는 것은 '귀'와 '속' 사이, '코'와 '속' 사이에 [ㅅ]이 있기 때문입니다.

이외에 '바닷가'가 [바다가]가 아니라, [바다까]로 발음되는 것도 두 말 사이에 [ㅅ]이 있다는 것을 말해 줍니다.

5회 어구와 문장 연습하기 1

어구나 문장을 소리 내어 읽고, 아래 빈칸에 옮겨 쓰세요.

① 옛일을 생각하니
　　□일을 생각하니

② 뒷일을 부탁하네.
　　□일을 부탁하네.

③ 나뭇잎이 노랗게
　나□잎이 노랗게

④ 고춧잎 버무린 것
　고□잎 버무린 것

⑤ 숫양과 숫염소
　□양과 □염소

⑥ 늑대의 울음쯤은 예삿일
　늑대의 울음쯤은 예□일

⑦ 눈물이 베갯잇을 적시다.
　눈물이 베□잇을 적시다.

⑧ 일이 끝나고 하는 가욋일
　일이 끝나고 하는 가□일

⑨ 아랫입술을 깨물다.
　아□입술을 깨물다.

⑩ 자질구레한 허드렛일
　자질구레한 허드□일

6회 어구와 문장 연습하기 2

점수   점/200점

□ 안의 틀린 글자를 찾아 ×표 하고, 빈칸에 바르게 고쳐 쓰세요.

틀린 것 찾기   **바르게 고쳐 쓰기**

1. 고기를 ❌깻 잎 에 싸서   고기를 □ 잎 에 싸서

2. 배 일 을 하는 어부들   □ □ 을 하는 어부들

3. ❌휴 일 을 걱정하다.   훗 일 을 걱정하다.

4. 위 입 술 이 부르텄다.   □ □ □ 이 부르텄다.

5. 배 추 잎 의 배추벌레   □ □ □ 의 배추벌레

6. 담 배 잎 을 말리다.   □ □ □ 을 말리다.

7. 뒤 입 맛 이 떨떠름하다.   □ □ □ 이 떨떠름하다.

8. 사 사 일 에 매달려   □ □ □ 에 매달려

9. 모내기 때 두 레 일 하여   모내기 때 □ □ □ 하여

10. 호박잎쌈과 가 지 잎 쌈   호박잎쌈과 □ □ □ □

41

7회 어구와 문장 받아쓰기 1

점수   점/200점

불러 주는 말을 잘 듣고, 띄어쓰기에 유의하며 받아쓰세요.

Track-12

8회 어구와 문장 받아쓰기 2

점수   점/200점

불러 주는 말을 잘 듣고, 띄어쓰기에 유의하며 받아쓰세요.

 Track-13

중간 평가 1회

점수   점/200점

□ 안의 틀리게 쓴 낱말을 모두 찾아, 오른쪽 빈칸에 바르게 고쳐 쓰세요.

틀린 것 찾기	바르게 고쳐 쓰기
① 기차길 옆 오막살이	☐☐☐ 옆 오막살이
② 앙상한 나무가지	앙상한 ☐☐☐☐
③ 따가운 여름 해살	따가운 여름 ☐☐
④ 위눈썹이 길어서	☐☐☐이 길어서
⑤ 내물에 발을 담그다.	☐☐에 발을 담그다.
⑥ 나무잎에 진디물	☐☐☐에 ☐☐☐
⑦ 뒤일을 부탁하네.	☐☐을 부탁하네.
⑧ 배일하는 어부들	☐☐하는 어부들
⑨ 수양과 수염소	☐☐과 ☐☐☐
⑩ 예일을 생각하니	☐☐을 생각하니

44

□ 안의 틀리게 쓴 낱말을 모두 찾아, 오른쪽 빈칸에 바르게 고쳐 쓰세요.

틀린 것 찾기   **바르게 고쳐 쓰기**

1. 내가 의 송사리 → ☐☐ 의 송사리
2. 참새와 방아간 → 참새와 ☐☐☐
3. 매돌 에 콩을 갈아서 → ☐☐ 에 콩을 갈아서
4. 치솔 과 치약 → ☐☐ 과 치약
5. 뒤눈질 로 슬금슬금 → ☐☐ 로 슬금슬금
6. 초농 이 굴러 떨어져 → ☐☐ 이 굴러 떨어져
7. 출렁이는 바다물 → 출렁이는 ☐☐☐
8. 고기를 깨잎 에 싸서 → 고기를 ☐☐ 에 싸서
9. 담배잎 을 말리다. → ☐☐☐ 을 말리다.
10. 자질구레한 허드레일 → 자질구레한 ☐☐☐☐

중간 평가 1회

불러 주는 말을 잘 듣고, 띄어쓰기에 유의하며 받아쓰세요. Track-14

불러 주는 말을 잘 듣고, 띄어쓰기에 유의하며 받아쓰세요. Track-15

받침이 두 개일 때 이렇게 발음해요 1

★이것을 공부해요★

위의 대화에서 '넓다'는 [널따]로 발음해야 하고, '여덟'은 [여덜]로 발음해야 해요. 이와 같이 앞의 받침으로 발음하는 겹받침에는 어떤 것이 있을까요?

겹받침	발음	예
ㄳ	[ㄱ]	넋[넉], 몫[목]
ㄵ	[ㄴ]	앉다[안따], 얹다[언따]
ㄼ, ㄽ, ㄾ	[ㄹ]	넓다[널따], 외곬[외골], 핥다[할따]
ㅄ	[ㅂ]	값[갑], 없다[업따]

이와 같이 앞의 받침으로 발음하는 겹받침 6개는 모두 외우도록 하세요.

★학습 목표★

- 겹받침 'ㄳ, ㄵ, ㄼ, ㄽ, ㄾ, ㅄ'은 앞의 받침으로 발음하기
- 겹받침 'ㄳ, ㄵ, ㄼ, ㄽ, ㄾ, ㅄ'은 앞의 받침으로 발음하는 것 알기

연습하기

❶ 보기 처럼 받침의 발음이 'ㄱ'으로 소리 나는 글자에 ○표, 'ㄴ'으로 소리 나는 글자에 △표, 'ㄹ'로 소리 나는 글자에 □표, 'ㅂ'으로 소리 나는 글자에 ◇표 해 보세요.

보기 넋	앉다	넓다	없다
몫	얹다	값	여덟
앉은키	넋두리	훑다	힘없이
품삯을 받고	짧은 글	내려앉으며	너무 가엾다.

❷ 다음 그림과 낱말을 보고, 소리 내어 읽은 후 빈칸에 옮겨 쓰세요.

 **1회 낱말 연습하기 1**

빈칸에 글자를 옮겨 쓰고, 소리 내어 읽어 보세요.

1.  몫
2.  삯
3.  앉다
4.  얹다
5.  짧다
6.  넓이
7.  얇다
8.  핥다
9.  가엾다
10.  맛없다

2회 낱말 연습하기 2

문제를 읽고, 알맞은 낱말에 ○표 한 뒤 빈칸에 옮겨 쓰세요.

점수   점/200점

❶ 물건에 일정하게 매겨진 액수를 무엇이라고 하나요?
　① 갑　　　② 값

❷ 일한 데 대한 값으로 주는 돈을 무엇이라고 하나요?
　① 삯　　　② 삭

삯

❸ '길다'의 반대되는 말은 무엇인가요?
　① 짭다　　② 짧다　　③ 짤따

❹ '있다'의 반대되는 말은 무엇인가요?
　① 업따　　② 없다　　③ 업다

❺ '두껍다'의 반대되는 말은 무엇인가요?
　① 얇다　　② 얄다　　③ 얍다

❻ '서럽다'는 것을 의미하는 말은 무엇인가요?
　① 섧다　　② 설따　　③ 섭다

❼ '위에 올려 놓는다.'는 뜻을 지닌 말은 무엇인가요?
　① 얹다　　② 언다　　③ 언따

❽ 붙은 것을 깨끗이 다 쓸어 내는 것을 무엇이라고 하나요?
　① 훌따　　② 훑다　　③ 훝다

❾ 불만을 길게 늘어놓으며 하소연하는 말은 무엇인가요?
　① 넉두리　② 넋두리　③ 넉뚜리

❿ 서거나 걷지 못하고 앉아서 다니는 사람은 누구인가요?
　① 안즌뱅이　② 안은뱅이　③ 앉은뱅이

3회 낱말 받아쓰기 1

점수   점/200점

불러 주는 낱말을 잘 듣고, 빈칸에 받아쓰세요.

Track-16

4회 낱말 받아쓰기 2

점수   점/200점

불러 주는 낱말을 잘 듣고, 빈칸에 받아쓰세요.

 Track-17

1.
2.
3.
4.
5.
6.
7.
8.
9.
10.
11.
12.
13.
14.
15.
16.
17.
18.
19.
20.

월 일

어구나 문장을 소리 내어 읽고, 아래 빈칸에 옮겨 쓰세요.

① 넓이가 넓다.
　☐이가 ☐다.

② 떫은 것이 맛없다.
　☐은 것이 ☐없다.

③ 여덟 명이 가엾다.
　여☐ 명이 가☐다.

④ 볼품없고 값이 싼
　볼품☐고 ☐이 싼

⑤ 품삯은 내 몫이야.
　품☐은 내 ☐이야.

⑥ 짐을 얹고 앉아라.
　짐을 ☐고 ☐아라.

⑦ 얇은 옷과 엷은 구름
　☐은 옷과 ☐은 구름

⑧ 개미핥기가 힘없다.
　개미☐기가 힘☐다.

⑨ 앉아 있는 앉은뱅이
　☐아 있는 ☐은뱅이

⑩ 다리가 짧고 볼품없다.
　다리가 ☐고 볼품☐다.

6회 어구와 문장 연습하기 2

점수　점/200점

□ 안의 틀린 글자를 찾아 ×표 하고, 빈칸에 바르게 고쳐 쓰세요.

틀린 것 찾기 | **바르게 고쳐 쓰기**

1. 이것은 내 ~~목~~ 이다. | 이것은 내 몫 이다.
2. 손으로 ~~훌 ㅓ~~ 내리다. | 손으로 훑 어 내리다.
3. 안 즌 키 가 작아요. | ＿＿＿ 가 작아요.
4. 넙 히 고 싶은 도로 | ＿＿＿ 싶은 도로
5. 갑 비 싼 나의 보물 | ＿＿＿ 나의 보물
6. 의자에 안 자 서 쉬어라. | 의자에 ＿＿＿ 쉬어라.
7. 겉 널 비가 널 다. | ＿＿ 가 ＿.
8. 여 덜 개가 업 서 요. | ＿＿ 개가 ＿＿.
9. 내 려 안 즌 지붕 | ＿＿＿＿ 지붕
10. 개미 먹는 개 미 할 기 | 개미 먹는 ＿＿＿＿

7회 어구와 문장 받아쓰기 1

점수   점/200점

불러 주는 말을 잘 듣고, 띄어쓰기에 유의하며 받아쓰세요.

 Track-18

8회 어구와 문장 받아쓰기 2

점수   점/200점

불러 주는 말을 잘 듣고, 띄어쓰기에 유의하며 받아쓰세요.

Track-19

받침이 두 개일 때 이렇게 발음해요 2

★이것을 공부해요★

왼쪽 그림의 대화에서 '삶고'는 [삼꼬]로 발음하고, '많지'는 [만치]로, '않아'는 [아나]로 발음해야 해요.

이와 같이 상황에 따라 앞이나 뒤의 받침으로 발음하는 겹받침에는 어떤 것이 있을까요? 그리고 겹받침 'ㄶ, ㅀ'은 어떻게 발음해야 할까요?

겹받침	발음	예	겹받침		발음		예
ㄺ	[ㄱ]	닭[닥]		+모음	+모음		않아[아나]
ㄻ	[ㅁ]	삶다[삼따]	ㄶ	+ㄱ	[ㄴ]	+[ㅋ]	옳고[올코]
ㄿ	[ㅂ]	읊다[읍따]	ㅀ	+ㄷ	[ㄹ]	+[ㅌ]	잃다[일타]
ㄺ/ㄻ/ㄿ+모음	[ㄹ]+[ㄱ/ㅁ/ㅍ]	닭을[달글]		+ㅈ		+[ㅊ]	많지[만치]

★학습 목표★

• 겹받침 'ㄺ, ㄻ, ㄿ'과 겹받침 'ㄶ, ㅀ' 살펴보기
• 겹받침 'ㄺ, ㄻ, ㄿ'으로 끝나거나 뒤에 자음이 오면 뒤의 받침으로 발음하기
• 겹받침 'ㄶ, ㅀ' 뒤에 모음이 오면 앞의 받침으로 발음하기
• 겹받침 'ㄶ, ㅀ' 뒤에 'ㄱ, ㄷ, ㅈ'이 오면 'ㅋ, ㅌ, ㅊ'으로 발음하기

연습하기

1 보기 처럼 겹받침이 'ㄺ, ㄻ, ㄿ'인 글자에 ○표, 'ㄶ, ㅀ' 뒤에 모음이 오는 글자에 △표, 'ㄶ, ㅀ' 뒤에 'ㄱ, ㄷ, ㅈ'이 오는 글자에는 □표를 하세요.

보기	읽다	많이	많다
	밝다	옳아	옳지
	삶다	괜찮아	괜찮다
	읊다	끊임없는	않겠다고
	호랑이를 닮은	끓여 먹고	길을 잃기도

2 다음 그림과 낱말을 보고, 소리 내어 읽은 후 빈칸에 옮겨 쓰세요.

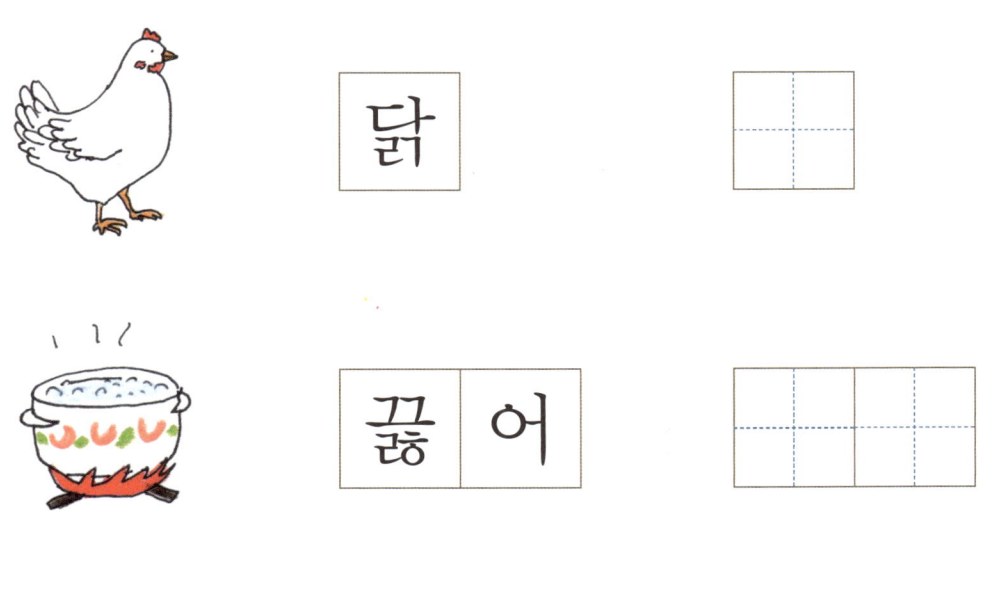

59

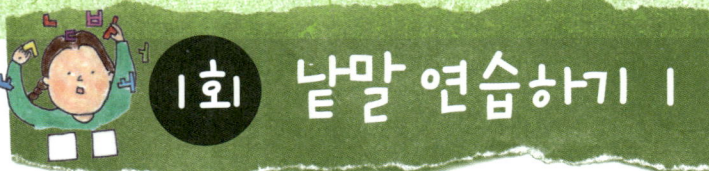

1회 낱말 연습하기 1

빈칸에 글자를 옮겨 쓰고, 소리 내어 읽어 보세요.

1.  진 흙
2.  수 탉
3.  늙 다
4.  젊 다
5.  닮 다

6.  읊 다
7.  많 이
8.  싫 어
9.  끓 다
10.  닳 다

2회 낱말 연습하기 2

점수   점/200점

문제를 읽고, 알맞은 낱말에 ○표 한 뒤 빈칸에 옮겨 쓰세요.

❶ '늙다'의 반대말은 무엇인가요?
　① 점따　　② 젊다

| 젊 | 다 |

❷ '어둡다'의 반대말은 무엇인가요?
　① 밝다　　② 발따　　③ 박다

❸ 끼니를 거르는 것을 무엇이라고 하나요?
　① 굼다　　② 굶다　　③ 굼따

❹ 물체의 둘레가 넓은 것을 어떻다고 하나요?
　① 굵다　　② 국다　　③ 굴다

| | 다 |

❺ 원인이나 이유를 다른 말로 무엇이라고 하나요?
　① 까닥　　② 까닭

❻ 가졌던 물건이 없어진 것을 무엇이라고 하나요?
　① 일타　　② 잃다　　③ 일따

❼ 병에 걸려 고통을 겪는 것을 무엇이라고 하나요?
　① 앓다　　② 알타　　③ 앟다

| | 다 |

❽ 병이 다른 사람에게 전염되는 것을 무엇이라고 하나요?
　① 옮다　　② 옴따　　③ 옴다

| | 다 |

❾ 이어진 것을 잘라 따로 떨어지게 하는 것을 무엇이라고 하나요?
　① 끊어　　② 끈어　　③ 끄너

❿ 괴롭거나 성가신 것을 무엇이라고 하나요?
　① 귀찬아　　② 귀찮아　　③ 귀차나

3회 낱말 받아쓰기 1

불러 주는 낱말을 잘 듣고, 빈칸에 받아쓰세요.

점수　　점/200점

 Track-20

1.
2.
3.
4.
5.
6.
7.
8.
9.
10.
11.
12.
13.
14.
15.
16.
17.
18.
19.
20.

4회 낱말 받아쓰기 2

점수   점/200점

불러 주는 낱말을 잘 듣고, 빈칸에 받아쓰세요.

Track-21

1.
2.
3.
4.
5.
6.
7.
8.
9.
10.
11.
12.
13.
14.
15.
16.
17.
18.
19.
20.

5회 어구와 문장 연습하기 1

어구나 문장을 소리 내어 읽고, 아래 빈칸에 옮겨 쓰세요.

① 암 탉 과 수 탉
암 □ 과 수 □

② 아기의 눈은 맑 다.
아기의 눈은 □ 다.

③ 산기 슭 에서의 삶
산기 □ 에서의 □

④ 동시를 읊 기도 했다.
동시를 □ 기도 했다.

⑤ 진 흙 탕에서 흙 장난
진 □ 탕에서 □ 장난

⑥ 많 이 달지 않 아요.
□ 이 달지 □ 아요.

⑦ 새끼는 어미를 닮 는다.
새끼는 어미를 □ 는다.

⑧ 늙 지 말고 젊 게 살자.
□ 지 말고 □ 게 살자.

⑨ 건강 잃 고 병도 얻 고
건강 □ 고 병도 □ 고

⑩ 귀 찮 지만 옳 은 일이야.
귀 □ 지만 □ 은 일이야.

6회 어구와 문장 연습하기 2

점수   점/200점

□ 안의 틀린 글자를 찾아 ×표 하고, 빈칸에 바르게 고쳐 쓰세요.

틀린 것 찾기 | **바르게 고쳐 쓰기**

① 빗줄기가 ~~쓰~~ 다. | 빗줄기가 굵 다.

② 아침 햇살이 ~~밧~~ 다. | 아침 햇살이 □□.

③ 끈 임 없 는 도전 | □□□□ 도전

④ 닥 장을 옴 겨 라. | □□을 □□□.

⑤ 시조를 읍 기 도 했다. | 시조를 □□□ 했다.

⑥ 노래를 부 르 잔 아? | 노래를 □□□□?

⑦ 무릎을 꿀 기 실 어. | 무릎을 □□□.

⑧ 귀 찬 지 만 괜찮아. | □□□□ 괜찮아.

⑨ 끌 여 도 병이 옴 는 | □□□ 병이 □□

⑩ 칙 뿌 리를 푹 삼 는 | □□□를 푹 □□

7회 어구와 문장 받아쓰기 1

점수　　점/200점

불러 주는 말을 잘 듣고, 띄어쓰기에 유의하며 받아쓰세요.

Track-22

8회 어구와 문장 받아쓰기 2

점수   점/200점

불러 주는 말을 잘 듣고, 띄어쓰기에 유의하며 받아쓰세요.

Track-23

종합 평가 1회

□ 안의 틀리게 쓴 낱말을 모두 찾아, 오른쪽 빈칸에 바르게 고쳐 쓰세요.

틀린 것 찾기 | **바르게 고쳐 쓰기**

① 아침이 박다. | 아침이 ☐☐.

② 안즌키 가 작아요. | ☐☐☐ 가 작아요.

③ 손으로 훌터 내리다. | 손으로 ☐☐ 내리다.

④ 겉널비 가 넙다. | ☐☐☐ 가 ☐☐.

⑤ 시조를 읍기도 했다. | 시조를 ☐☐☐ 했다.

⑥ 닥장 을 옴겨요. | ☐☐ 을 ☐☐☐.

⑦ 늑지 말고 점게 살자. | ☐☐ 말고 ☐☐ 살자.

⑧ 여덥 개가 업어요. | ☐☐ 개가 ☐☐☐.

⑨ 무릎을 꿀기 는 실어. | 무릎을 ☐☐ 는 ☐☐.

⑩ 안즌뱅이 가 가엽다. | ☐☐☐☐ 가 ☐☐☐.

68

불러 주는 말을 잘 듣고, 띄어쓰기에 유의하며 받아쓰세요.

종합 평가 1회

점수   점/200점

불러 주는 말을 잘 듣고, 띄어쓰기에 유의하며 받아쓰세요. Track-25

점수   점/200점

불러 주는 말을 잘 듣고, 띄어쓰기에 유의하며 받아쓰세요. Track-26

종합 평가 1회

불러 주는 말을 잘 듣고, 띄어쓰기에 유의하며 받아쓰세요. Track-27

더 연습하기

틀린 글자나 문장을 연습해요.

'ㄴ' 소리를 넣어서 발음해요

★이것을 공부해요★

　두 개의 낱말이 만나 하나의 낱말을 이룬 경우가 있습니다. 이러한 낱말 중에서 '단풍잎(단풍+잎), 한여름(한+여름)'과 같이 앞 글자에 받침이 있고 뒷글자의 첫소리가 모음 'ㅣ, ㅑ, ㅕ, ㅛ, ㅠ'일 경우에는, 뒷글자에 'ㄴ' 소리를 넣어서 발음한답니다. '단풍잎'과 '한여름'은 각각 [단풍닙], [한녀름]으로 소리 납니다. 하지만 글씨로 쓸 때에는 '단풍잎', '한여름'으로 써야 한다는 점을 기억하세요.

★학습 목표★

- 받침이 있는 앞 글자 + 뒷글자의 첫소리가 모음 'ㅣ, ㅑ, ㅕ, ㅛ, ㅠ'일 때 나타나는 소리의 변화 살펴보기
- 앞 글자에 받침이 있고 뒷글자의 첫소리가 모음 'ㅣ, ㅑ, ㅕ, ㅛ, ㅠ'일 때, 'ㄴ'을 넣어서 소리 내는 현상 알기

연습하기

❶ 보기 처럼 'ㄴ' 소리를 넣어 소리 내는 부분에 ○표 하세요.

보기 꽃잎, 한여름	
눈약	정열
담요	뽕잎
식용유	단풍잎
땅콩엿 강정	학생용 가구

❷ 다음 그림과 낱말을 보고, 소리 내어 읽은 후 빈칸에 옮겨 쓰세요.

 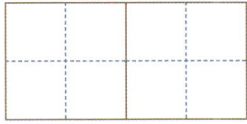

 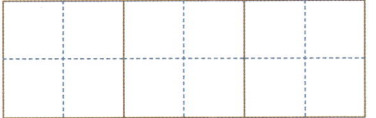

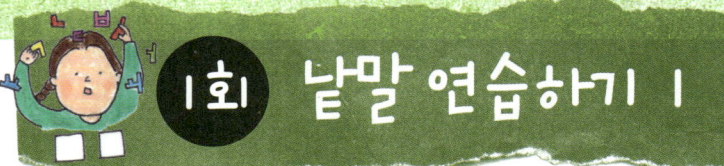

1회 낱말 연습하기 1

빈칸에 글자를 옮겨 쓰고, 소리 내어 읽어 보세요.

1. 눈 약
2. 담 요
3. 꽃 잎
4. 깻 잎
5. 콩 엿

6. 색 연 필
7. 나 뭇 잎
8. 호 박 잎
9. 식 용 유
10. 단 풍 잎

2회 낱말 연습하기 2

점수   점/200점

문제를 읽고, 알맞은 낱말에 ○표 한 뒤 빈칸에 옮겨 쓰세요.

1. 꽃을 이루고 있는 낱낱의 조각잎은 무엇인가요?
   ① 꽃잎   ② 꽃닢

   꽃 잎

2. 아무것도 먹지 않은 입은 무엇인가요?
   ① 맨닙   ② 맨입

3. 앞으로 닥쳐올 일을 무엇이라고 하나요?
   ① 앞일   ② 앞닐

4. 지나간 과거의 일을 무엇이라고 하나요?
   ① 옛닐   ② 옛일

5. 원래 식구 외에 얻어먹는 사람을 가리키는 말은 무엇인가요?
   ① 군닙   ② 군입

   군

6. 누에의 먹이로 쓰는 뽕나무의 잎은 무엇인가요?
   ① 뽕닢   ② 뽕잎

7. 호박을 고아서 만든 엿은 무엇인가요?
   ① 호박엿   ② 호박녓

   호

8. 부엌에서 하는 여러 가지 일은 무엇인가요?
   ① 부엌일   ② 부엌닐

   부

9. 세계에서 가장 큰 바다는 무엇인가요?
   ① 태평냥   ② 태평양

10. 필요한 물건을 배낭에 넣고 떠나는 여행은 무엇인가요?
    ① 배낭여행   ② 배낭녀행

점수　점/200점

3회 낱말 받아쓰기 1

불러 주는 낱말을 잘 듣고, 빈칸에 받아쓰세요.

 Track-28

1.
2.
3.
4.
5.
6.
7.
8.
9.
10.
11.
12.
13.
14.
15.
16.
17.
18.
19.
20.

4회 낱말 받아쓰기 2

점수   점/200점

불러 주는 낱말을 잘 듣고, 빈칸에 받아쓰세요.
 Track-29

①
②
③
④
⑤
⑥
⑦
⑧
⑨
⑩
⑪
⑫
⑬
⑭
⑮
⑯
⑰
⑱
⑲
⑳

5회 어구와 문장 연습하기 1

월 일

어구나 문장을 소리 내어 읽고, 아래 빈칸에 옮겨 쓰세요.

① 정열 의 나라 스페인
　　☐☐ 의 나라 스페인

② 달콤하고 고소한 콩엿
　달콤하고 고소한 ☐☐

③ 따뜻한 담요
　따뜻한 ☐☐

④ 용용 죽겠지.
　☐☐ 죽겠지.

⑤ 밭일 을 하러 나가다.
　☐☐ 을 하러 나가다.

⑥ 옛일 을 기억하다.
　☐☐ 을 기억하다.

⑦ 군입 이 늘다.
　☐☐ 이 늘다.

⑧ 한입 에 먹다.
　☐☐ 에 먹다.

⑨ 비타민이 풍부한 감잎
　비타민이 풍부한 ☐☐

⑩ 향긋한 깻잎
　향긋한 ☐☐

6회 어구와 문장 연습하기 2

점수   점/200점

□ 안의 틀린 글자를 찾아 ×표 하고, 빈칸에 바르게 고쳐 쓰세요.

틀린 것 찾기 | **바르게 고쳐 쓰기**

① 넓은 태 평 ~~낭~~ | 넓은 태 평 □

② 한 녀 름 무더위 | □□□ 무더위

③ 배 낭 녀 행 을 떠나다. | □□□□ 을 떠나다.

④ 새로 산 색 년 필 | 새로 산 □□□

⑤ 학 생 늉 가구를 보다. | □□□ 가구를 보다.

⑥ 새우튀김은 식 용 뉴 로 | 새우튀김은 □□□ 로

⑦ 휴일에 집 안 닐 을 돕다. | 휴일에 □□□ 을 돕다.

⑧ 바 깥 닐 을 하고 오다. | □□□ 을 하고 오다.

⑨ 가을에 떨어진 단 풍 닢 | 가을에 떨어진 □□□

⑩ 호 박 닢 을 쪄 먹다. | □□□ 을 쪄 먹다.

81

7회 어구와 문장 받아쓰기 1

불러 주는 말을 잘 듣고, 띄어쓰기에 유의하며 받아쓰세요.

Track-30

1.
2.
3.
4.
5.
6.
7.
8.
9.
10.
11.
12.

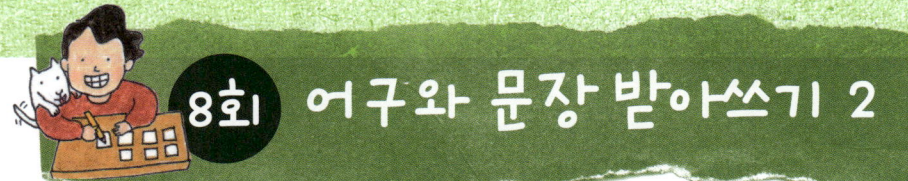

점수   점/200점

불러 주는 말을 잘 듣고,
띄어쓰기에 유의하며 받아쓰세요.

 Track-31

1.
2.
3.
4.
5.
6.
7.
8.
9.
10.
11.
12.

제 37단계

'ㄹ' 소리를 넣어서 발음해요

★이것을 공부해요★

　두 개의 낱말이 합쳐져서 하나의 낱말을 이룬 낱말들이 있어요. 이러한 경우 앞 글자의 받침이 'ㄹ'이고, 뒷글자의 첫소리가 모음 'ㅣ, ㅑ, ㅕ, ㅛ, ㅠ'이면, 뒷글자 첫소리에 'ㄹ' 소리를 넣어서 발음해요. '풀잎'은 [풀립], '서울역'은 [서울력]으로 소리가 나지만, 쓸 때에는 '풀잎', '서울역'으로 써야 한답니다.
*풀잎 [풀립], 서울역 [서울력]

★학습 목표★

- 'ㄹ' 받침이 있는 앞 글자 + 뒷글자의 첫소리가 모음 'ㅣ, ㅑ, ㅕ, ㅛ, ㅠ'일 때 나타나는 소리의 변화 살펴보기
- 앞 글자에 'ㄹ' 받침이 있고 뒷글자의 첫소리가 모음 'ㅣ, ㅑ, ㅕ, ㅛ, ㅠ'일 때, 'ㄹ'을 넣어서 소리 내는 현상 알기

연습하기

❶ 보기 처럼 'ㄹ' 소리를 넣어 소리 내는 부분에 ○표 하세요.

보기 풀잎. 서울역	
알약	휘발유
서울역	물엿
솔이끼	돌잉어
올여름 더위	길옆 가로수

❷ 다음 그림과 낱말을 보고, 소리 내어 읽은 후 빈칸에 옮겨 쓰세요.

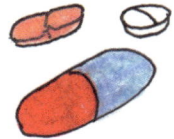 알 약

 솔 이 끼

 풀 잎 피 리

1회 낱말 연습하기 1

빈칸에 글자를 옮겨 쓰고, 소리 내어 읽어 보세요.

1.  알약
2.  서울역
3.  전철역
4.  물엿
5.  휘발유

6.  날윷
7.  솔이끼
8.  돌잉어
9.  솔잎
10.  풀잎피리

2회 낱말 연습하기 2

점수   점/200점

문제를 읽고, 알맞은 낱말에 ○표 한 뒤 빈칸에 옮겨 쓰세요.

1. '○○○의 꾐에 빠지다.'에 들어갈 말은 무엇인가요?
   ① 불녀우   ② 불여우

2. '○○○은 유난히도 무더웠다.'에 알맞은 말은 무엇인가요?
   ① 올여름   ② 올려름

3. 아주 묽게 곤 엿은 무엇인가요?
   ① 물렷   ② 물엿

4. '들에 나가서 하는 일'을 무엇이라고 하나요?
   ① 들일   ② 들릴

5. 돌에 끼는 이끼를 무엇이라고 하나요?
   ① 돌리끼   ② 돌이끼

6. '충분히 익지 못한'이라는 뜻을 지닌 말은 무엇인가요?
   ① 설릭은   ② 설익은

7. 하루하루 돈을 받고 하는 일을 무엇이라고 하나요?
   ① 날일   ② 날릴

8. '드물고 이상한 일'이라는 뜻을 지닌 낱말은 무엇인가요?
   ① 별일   ② 별릴

9. '하나하나', '낱낱이'라는 뜻을 지닌 낱말은 무엇인가요?
   ① 일릴이   ② 일일이

10. 떡갈나무의 다른 이름은 무엇인가요?
    ① 갈잎나무   ② 갈맆나무

3회 낱말 받아쓰기 1

점수   점/200점

불러 주는 낱말을 잘 듣고, 빈칸에 받아쓰세요.

Track-32

1.
2.
3.
4.
5.
6.
7.
8.
9.
10.
11.
12.
13.
14.
15.

📖 **메모**

4회 낱말 받아쓰기 2

점수   점/200점

불러 주는 낱말을 잘 듣고, 빈칸에 받아쓰세요.

Track-33

1.
2.
3.
4.
5.
6.
7.
8.
9.
10.
11.
12.
13.
14.
15.

📖 **메모**

5회 어구와 문장 연습하기 I

어구나 문장을 소리 내어 읽고, 아래 빈칸에 옮겨 쓰세요.

월   일

① 물약이 쓰다.
　　□□ 이 쓰다.

② 알약을 넘기다.
　　□□ 을 넘기다.

③ 올여름 소나기
　　□□□ 소나기

④ 복잡한 전철역
　　복잡한 □□□

⑤ 달콤한 물엿
　　달콤한 □□

⑥ 길옆 가로수
　　□□ 가로수

⑦ 바싹 마른 갈잎
　　바싹 마른 □□

⑧ 들일을 하러 나가다.
　　□□ 을 하러 나가다.

⑨ 은은한 풀잎 향기
　　은은한 □□ 향기

⑩ 멋진 풀잎피리 소리
　　멋진 □□□□ 소리

6회 어구와 문장 연습하기 2

점수   점/200점

□ 안의 틀린 글자를 찾아 ×표 하고, 빈칸에 바르게 고쳐 쓰세요.

틀린 것 찾기 | **바르게 고쳐 쓰기**

① 불 ~~겨~~ 우 의 꾐에 빠지다. → □ 여 □ 의 꾐에 빠지다.

② 올 ~~겨~~ 름 무더위가 한창 → □□□ 무더위가 한창

③ 서 울 력 에서 친구 찾기 → □□□ 에서 친구 찾기

④ 자전거를 길 렾 에 세우다. → 자전거를 □□ 에 세우다.

⑤ 살면서 별 릴 을 다 겪네. → 살면서 □□ 을 다 겪네.

⑥ 물 릴 을 해서 손이 험해. → □□ 을 해서 손이 험해.

⑦ 일 릴 이 대답하기 벅차. → □□□ 대답하기 벅차.

⑧ 날 립 에서 대팻밥이 나와 → □□ 에서 대팻밥이 나와

⑨ 갈 립 으로 불을 지피다. → □□ 으로 불을 지피다.

⑩ 송충이는 솔 립 을 먹지. → 송충이는 □□ 을 먹지.

7회 어구와 문장 받아쓰기 1

점수   점/200점

불러 주는 말을 잘 듣고, 띄어쓰기에 유의하며 받아쓰세요.

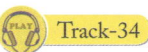 Track-34

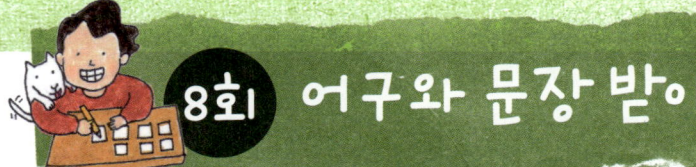

8회 어구와 문장 받아쓰기 2

점수   점/200점

불러 주는 말을 잘 듣고, 띄어쓰기에 유의하며 받아쓰세요.

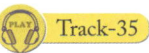 Track-35

제 38단계

두 낱말 사이에 'ㄴ'이나 'ㄹ'을 넣어 발음해요

★이것을 공부해요★

　민혁이는 '어떤 일'을 왜 [어떤 닐]이라고 발음했을까요? 두 낱말을 이어서 소리 낼 때에도 'ㄴ'이나 'ㄹ' 소리를 넣어서 발음하기 때문이에요. '어떤 일', '아쉬운 여름'처럼 앞 글자에 받침이 있고, 뒷글자의 첫소리가 모음 'ㅣ, ㅑ, ㅕ, ㅛ, ㅠ'이면, 뒷글자에 'ㄴ'이나 'ㄹ' 소리를 넣어서 발음해요. 이런 현상은 두 낱말이 이어지고 36, 37단계와 같은 조건이면 나타난답니다.

★학습 목표★

- 두 낱말을 이어서 소리 내는 경우, 받침이 있는 앞 글자 + 뒷글자의 첫소리가 모음 'ㅣ, ㅑ, ㅕ, ㅛ, ㅠ'일 때 나타나는 소리의 변화 살펴보기
- 두 낱말을 이어서 소리 낼 때, 앞 글자에 받침이 있고 뒷글자의 첫소리가 'ㅣ, ㅑ, ㅕ, ㅛ, ㅠ'인 경우, 'ㄴ'을 넣어서 소리 내는 현상 알기
- 두 낱말을 이어서 소리 낼 때, 앞 글자에 'ㄹ'받침이 있고 뒷글자의 첫소리가 'ㅣ, ㅑ, ㅕ, ㅛ, ㅠ'인 경우, 'ㄹ'을 넣어서 소리 내는 현상 알기

연습하기

❶ 보기 처럼 'ㄴ'을 넣어 소리 내는 부분에는 ○표, 'ㄹ'을 넣어 소리 내는 부분에는 △표 하세요.

보기 내가 한 일 별 일 아니야.	
서른여덟	열여섯
영리한 여우	작은 여치
먹을 엿	당연한 일

❷ 다음 그림과 낱말을 보고, 소리 내어 읽은 후 빈칸에 옮겨 쓰세요.

   열 여 섯

   작 은 여 치 / 작

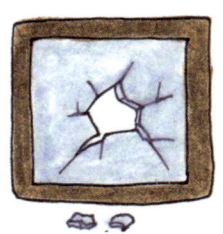   깨 진 유 리 / 깨

1회 낱말 연습하기 1

빈칸에 글자를 옮겨 쓰고, 소리 내어 읽어 보세요.

1.  신나 는 야 구   신나 ☐ ☐ ☐
2. 더 운 여 름   더 ☐ ☐ ☐
3.  영리 한 여 우   영리 ☐ ☐ ☐
4.  예쁜 여 자   예 ☐ ☐ ☐
5.  작 은 여 치   작 ☐ ☐ ☐

6.  나 는 연   나 ☐ ☐
7.  맛있 는 엿   맛있 ☐ ☐
8.  무서 운 유 령   무서 ☐ ☐ ☐
9.  깨 진 유 리   깨 ☐ ☐ ☐
10. 신나 는 이 야기   신나 ☐ ☐ 야기

2회 낱말 연습하기 2

문제를 읽고, 알맞은 낱말에 ○표 한 뒤 빈칸에 옮겨 쓰세요.

점수   점/200점

1. 오빠의 ○○○○ 번째 생일을 축하합니다.
   ① 서른여섯   ② 서른녀섯

2. ○○○ ○○을 잘 해낸 네가 자랑스럽다.
   ① 어려운 녁할   ② 어려운 역할

3. 아직 ○○○ ○○이 많이 남아 있다.
   ① 발굴할 유물   ② 발굴할 류물

4. ○○○ ○○에는 시원한 물이 최고이다.
   ① 무더운 여름   ② 무더운 녀름

5. 언젠가는 모든 사람이 ○ ○이다.
   ① 알 릴   ② 알 일

6. ○○을 보고 오후에 다시 만나자.
   ① 볼릴   ② 볼일

7. 토끼의 가장 큰 실수는 언덕에서 ○ ○이다.
   ① 잔 일   ② 잔 닐

8. 이제 너의 꿈을 ○ ○만 남았다.
   ① 펼 릴   ② 펼 일

9. 나는 네가 ○ ○을 모두 알고 있다.
   ① 한 닐   ② 한 일

10. ○○ ○이 있으면 꼭 나를 불러 주렴.
    ① 힘든 일   ② 힘든 닐

3회 낱말 받아쓰기 1

점수   점/200점

불러 주는 낱말을 잘 듣고, 빈칸에 받아쓰세요.

Track-36

1. (가다)
2. (뛰다)
3. (사다)
4. (서다)
5. (쉬다)
6. (알다)
7. (자다)
8. (차다)
9. (타다)
10. (팔다)
11.
12.
13.
14.
15.
16.
17.
18.
19.
20.

4회 낱말 받아쓰기 2

점수   점/200점

불러 주는 낱말을 잘 듣고, 빈칸에 받아쓰세요.

Track-37

5회 어구와 문장 연습하기 1

어구나 문장을 소리 내어 읽고, 아래 빈칸에 옮겨 쓰세요.

1 신나 는 야 구 놀이
　　신나 □ □ 구 놀이

2 저는 열 여 섯 살입니다.
　　저는 □ □ 섯 살입니다.

3 하늘을 나 는 연
　　하늘을 나 □ □

4 맛있 는 엿 을 먹다.
　　맛있 □ □ 을 먹다.

5 무서 운 유 령을 보았다.
　　무서 □ □ 령을 보았다.

6 깨 진 유 리를 조심해라.
　　깨 □ □ 리를 조심해라.

7 순식간에 퍼 질 이 야기
　　순식간에 퍼 □ □ 야기

8 무 슨 일 을 더 할까요?
　　무 □ □ 을 더 할까요?

9 어려 운 일 을 당하다.
　　어려 □ □ 을 당하다.

10 착 한 일 을 했습니다.
　　착 □ □ 을 했습니다.

6회 어구와 문장 연습하기 2

점수   점/200점

□ 안의 틀린 글자를 찾아 ×표 하고, 빈칸에 바르게 고쳐 쓰세요.

틀린 것 찾기　　　　　　　**바르게 고쳐 쓰기**

① 나의 스물 ~~져~~ 덟 번째　　　나의 ☐☐☐☐ 번째

② 무 더 운 녀 름 에　　　☐☐☐☐ 에

③ 뛰 눈 녀 치 를 잡다.　　　☐☐☐ 를 잡다.

④ 무 서 운 뉴 령 의 집　　　☐☐☐ 의 집

⑤ 보 관 할 류 물 운반　　　☐☐☐ 운반

⑥ 본 닐 을 그대로 적어라.　　　☐☐ 을 그대로 적어라.

⑦ 어 떤 닐 이 있었니?　　　☐☐ 이 있었니?

⑧ 착 한 닐 을 하는 내 짝　　　☐☐ 을 하는 내 짝

⑨ 꿈을 펼 칠 릴 만 남았다.　　　꿈을 ☐☐ 만 남았다.

⑩ 그게 화 낼 릴 이니?　　　그게 ☐☐ 이니?

7회 어구와 문장 받아쓰기 1

점수   점/200점

불러 주는 말을 잘 듣고, 띄어쓰기에 유의하며 받아쓰세요.

 Track-38

8회 어구와 문장 받아쓰기 2

점수 　 점/200점

불러 주는 말을 잘 듣고, 띄어쓰기에 유의하며 받아쓰세요.

 Track-39

중간 평가 2회

점수   점/200점

□ 안의 틀리게 쓴 낱말을 모두 찾아, 오른쪽 빈칸에 바르게 고쳐 쓰세요.

틀린 것 찾기　　　　　　　　　　**바르게 고쳐 쓰기**

① 군 닙 이 늘다.　　　　　　　□□ 이 늘다.

② 밭 닐 을 하러 나가다.　　　　□□ 을 하러 나가다.

③ 옛 닐 을 기억하다.　　　　　□□ 을 기억하다.

④ 알 략 을 넘기다.　　　　　　□□ 을 넘기다.

⑤ 길 렾 가로수　　　　　　　　□□ 가로수

⑥ 들 릴 을 하러 나가다.　　　　□□ 을 하러 나가다.

⑦ 그게 화 낼 릴 이니?　　　　　그게 화 □□ 이니?

⑧ 무 슨 닐 을 더 해야 하나?　　무 □□ 을 더 해야 하나?

⑨ 하늘을 나 는 년　　　　　　　하늘을 나 □□

⑩ 어려 운 닐 을 당하다.　　　　어려 □□ 을 당하다.

□ 안의 틀리게 쓴 낱말을 모두 찾아, 오른쪽 빈칸에 바르게 고쳐 쓰세요.

틀린 것 찾기   **바르게 고쳐 쓰기**

① 호 박닢 을 쪄 먹다.   호 ☐☐ 을 쪄 먹다.

② 바 깥닐 을 하고 돌아오다.   바 ☐☐ 을 하고 돌아오다.

③ 넓디 넓은 태 펑냥   넓디 넓은 태 ☐☐

④ 살면서 별릴 을 다 겪는다.   살면서 ☐☐ 을 다 겪는다.

⑤ 올려 를 더위가 한창이다.   ☐☐ 를 더위가 한창이다.

⑥ 솔맆 넣고 송편을 찌다.   ☐☐ 넣고 송편을 찌다.

⑦ 무더 운녀 름에는 수박이 최고야!   무더 ☐☐ 름에는 수박이 최고야!

⑧ 방학 때 어 떤닐 을 했니?   방학 때 어 ☐☐ 을 했니?

⑨ 옷을 잘립 는 내 친구   옷을 ☐☐ 는 내 친구

⑩ 보관 할류 물들을 운반하다.   보관 ☐☐ 물들을 운반하다.

중간 평가 2회

점수   점/200점

불러 주는 말을 잘 듣고, 띄어쓰기에 유의하며 받아쓰세요. Track-40

불러 주는 말을 잘 듣고, 띄어쓰기에 유의하며 받아쓰세요.

외워서 써야 해요

★이것을 공부해요★

　남자아이는 '깡충깡충'이 이상하게 느껴지나 봅니다. 여러분은 어떠한가요?
'깡충깡충'이 어색하게 느껴지는 사람도 있을 수 있지만, 맞는 표현입니다. 우리 말은 표준어를 소리 나는 대로 적지만, 어법에 맞도록 하는 것이 가장 중요합니다. 소리와 규칙이 서로 다를 때에는 특별히 정한 약속대로 사용합니다.

★학습 목표★

- 소리와 규칙이 서로 다를 때, 약속으로 정한 낱말들 살펴보기
- 약속으로 정한 낱말들 알기

연습하기

❶ 보기 와 같이 바르게 쓰여진 낱말을 찾아 ◯표 하세요.

보기 (아지랑이)　　아지랭이	
(나의) 바람	(나의) 바램
세째	셋째
강남콩	강낭콩
수탉	수닭
상추	상치

❷ 다음 그림과 낱말을 보고, 소리 내어 읽은 후 빈칸에 옮겨 쓰세요.

109

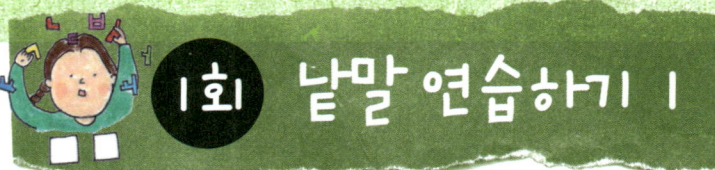

1회 낱말 연습하기 1

빈칸에 글자를 옮겨 쓰고, 소리 내어 읽어 보세요.

월　　일

1.  냄비
2.  멍게
3.  윗눈썹
4.  오뚝이
5.  쌍둥이

6.  나팔꽃
7. 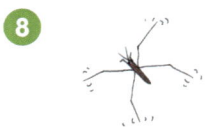 열두째
8.  소금쟁이
9.  아지랑이
10.  미루나무

2회 낱말 연습하기 2

점수   점/200점

문제를 읽고, 알맞은 낱말에 ○표 한 뒤 빈칸에 옮겨 쓰세요.

❶ 허리 위 부분을 가리키는 말은 무엇인가요?
① 위몸   ② 윗몸

❷ 꿩의 수컷으로 '장끼'라고 부르는 새는 무엇인가요?
① 숫꿩   ② 수꿩

❸ 다른 사람의 물건을 얼마 동안 쓰는 것을 무엇이라고 하나요?
① 빌다   ② 빌리다

❹ '집이나 방을 빌리고 다달이 내는 세'를 무엇이라고 하나요?
① 사글세   ② 삭월세   ③ 삯월세

❺ 허름하고 중요하지 않은 것을 무엇이라고 하나요?
① 허드래   ② 허드레

❻ 고양이와 비슷하게 생긴 동물을 무엇이라고 하나요?
① 살쾡이   ② 살괭이

❼ 피부에 나는 종기를 무엇이라고 하나요?
① 부우럼   ② 부스럼   ③ 부시럼

❽ 옷을 모두 벗은 모습을 가리키는 말은 무엇인가요?
① 발가송이   ② 발가숭이

❾ 당나귀의 수컷을 가리키는 말은 무엇인가요?
① 수탕나귀   ② 숫당나귀   ③ 숫탕나귀

❿ '함부로 써서 몽땅 없애다.'를 뜻하는 말은 무엇인가요?
① 털어먹다   ② 떨어먹다

111

3회 낱말 받아쓰기 1

점수   점/200점

불러 주는 낱말을 잘 듣고, 빈칸에 받아쓰세요.

Track-42

1.
2.
3.
4.
5.
6.
7.
8.
9.
10. (첫)
11.
12.
13.
14.
15.
16.
17.
18.
19.
20.

4회 낱말 받아쓰기 2

점수   점/200점

불러 주는 낱말을 잘 듣고, 빈칸에 받아쓰세요.

 Track-43

1.
2.
3.
4.
5.
6.
7.
8.
9.
10.
11.
12.
13.
14.
15.
16.
17.
18.
19.
20.

5회 어구와 문장 연습하기 1

어구나 문장을 소리 내어 읽고, 아래 빈칸에 옮겨 쓰세요.

❶ 시원한 멸치 국물
　시원한 　　　 국물

❷ 윗니 와 아랫니를 골고루
　　　　 와 아랫니를 골고루

❸ 주책 없는 여자
　　　　 없는 여자

❹ 진주 목걸이와 귀고리
　진주 목걸이와

❺ 아서라, 다칠라.
　　　　　, 다칠라.

❻ 허드레 로 입는
　　　　　 로 입는

❼ 사글세 를 살다.
　　　　 를 살다.

❽ 조건이 까다롭다.
　조건이　　　　　.

❾ 의자를 망가뜨리다.
　의자를　　　　　.

❿ 그릇을 설거지하다.
　그릇을　　　　　.

6회 어구와 문장 연습하기 2

점수   점/200점

□ 안의 틀린 글자를 찾아 ×표 하고, 빈칸에 바르게 고쳐 쓰세요.

틀린 것 찾기 | **바르게 고쳐 쓰기**

1. 사 둔 을 맺다. | ☐☐ 을 맺다.
2. 상 치 쌈을 입에 물고 | ☐☐ 쌈을 입에 물고
3. 윗(×) 층 으로 올라가는 계단 | ☐☐ 으로 올라가는 계단
4. 윗 어 른 을 모시고 | ☐☐☐ 을 모시고
5. 봉 숭 화 물을 들이다. | ☐☐☐ 물을 들이다.
6. 종이가 누렇게 바 라 다 . | 종이가 누렇게 ☐☐☐ .
7. 꼭 둑 각 시 인형 | ☐☐☐☐ 인형
8. 미 류 나 무 꼭대기에 | ☐☐☐☐ 꼭대기에
9. 깡 총 깡 총 뛰어가네. | ☐☐☐☐ 뛰어가네.
10. 기다리기 지 리 하 다 . | 기다리기 ☐☐☐☐ .

115

7회 어구와 문장 받아쓰기 1

점수 　 점/200점

불러 주는 말을 잘 듣고, 띄어쓰기에 유의하며 받아쓰세요.

 Track-44

8회 어구와 문장 받아쓰기 2

점수   점/200점

불러 주는 말을 잘 듣고, 띄어쓰기에 유의하며 받아쓰세요.

 Track-45

'이'나 '히'로 써요

★이것을 공부해요★

위 그림의 아이는 '솔직히'와 '솔직이' 중에 어느 표현이 맞는지 헷갈리고 있군요. 끝 글자가 분명히 '이'로만 소리 나는 것은 '이'로 적고, 그 외 '히'로 소리 나거나 '이'나 '히'로 소리 나는 것은 모두 '히'로 적어요. 이렇게 '이'와 '히'로 끝나는 말을 구별하여 적을 수 있어요.

★학습 목표★

- '이'로 적는 낱말과 '히'로 적는 낱말 구별하기
- '이'로 끝나는 낱말 알기
- '히'로 끝나는 낱말 알기
- 끝 글자가 '이'나 '히'로 소리 나는 낱말은 '히'로 적기

❶ 낱말을 소리 내어 읽어 보고 [ ] 안에 소리 나는 대로 써 보세요. 그리고 보기 처럼 끝소리가 '이'로만 소리 나는 낱말을 찾아 ○표 하세요.

보기 깨끗[이] 솔직[히] 가만[히]		
의젓[ ]	간편[ ]	나른[ ]
무단[ ]	산뜻[ ]	각별[ ]
소홀[ ]	쓸쓸[ ]	반듯[ ]
과감[ ]	따뜻[ ]	분명[ ]
상당[ ]	가까[ ]	조용[ ]
능[ ]	고[ ]	열심[ ]
간소[ ]	고요[ ]	대수로[ ]

❷ 다음 그림과 낱말을 보고, 소리 내어 읽은 후 빈칸에 옮겨 쓰세요.

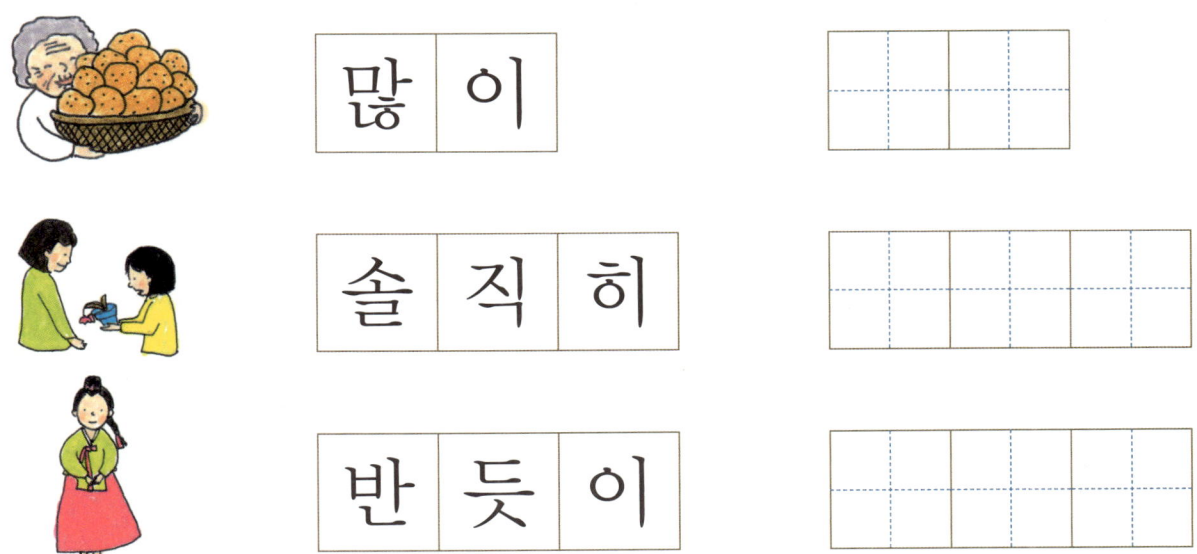

119

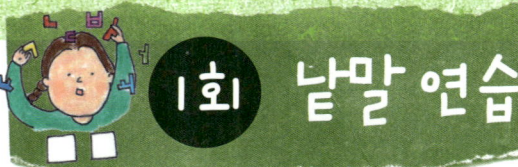

1회 낱말 연습하기 1

빈칸에 글자를 옮겨 쓰고, 소리 내어 읽어 보세요.

월　　일

#		낱말	쓰기
1		같 이	
2		가 까 이	
3		줄 줄 이	
4		알 알 이	
5		집 집 이	
6		조 용 히	
7		열 심 히	
8		가 만 히	
9		공 평 히	
10		꼼 꼼 히	

2회 낱말 연습하기 2

문제를 읽고, 알맞은 낱말에 ○표 한 뒤 빈칸에 옮겨 쓰세요.

점수   점/200점

1. '아래에서 위까지의 길이'를 가리키는 말은 무엇인가요?
   ① 높히   ② 높이   ③ 노피

2. '급작스레, 갑자기'의 다른 말은 무엇인가요?
   ① 급히   ② 급이

3. '특별히, 유달리'라는 뜻을 가진 말은 무엇인가요?
   ① 특히   ② 특이

4. '깊이깊이 생각하는 모습'을 가리키는 말은 무엇인가요?
   ① 곰곰히   ② 곰곰이

5. 점잖고 무게 있는 행동을 가리키는 말은 무엇인가요?
   ① 의젓이   ② 의젓히

6. 서두르지 않고 여유있는 행동을 가리키는 말은 무엇인가요?
   ① 느긋히   ② 느긋이   ③ 느그시

7. 바르고 확실하게 하는 행동을 가리키는 말은 무엇인가요?
   ① 정확히   ② 정확이   ③ 정화키

8. 결단성이 있고 용감한 행동을 가리키는 말은 무엇인가요?
   ① 과감히   ② 과감이

9. 허락 없이 일을 하는 것을 가리키는 말은 무엇인가요?
   ① 무단히   ② 무단이

10. 끝이 뾰족한 모양을 가리키는 말은 무엇인가요?
    ① 날카로히   ② 날카로이

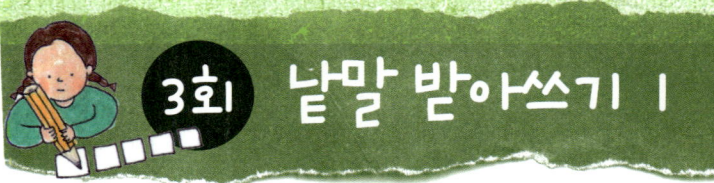

3회 낱말 받아쓰기 1

점수   점/200점

불러 주는 낱말을 잘 듣고, 빈칸에 받아쓰세요.

 Track-46

1.
2.
3.
4.
5.
6.
7.
8.
9.
10.
11.
12.
13.
14.
15.
16.
17.
18.
19.
20.

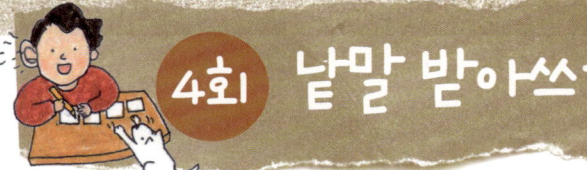

4회 낱말 받아쓰기 2

점수   점/200점

불러 주는 낱말을 잘 듣고, 빈칸에 받아쓰세요.

 Track-47

1.
2.
3.
4.
5.
6.
7.
8.
9.
10.
11.
12.
13.
14.
15.
16.
17.
18.
19.
20.

5회 어구와 문장 연습하기 1

어구나 문장을 소리 내어 읽고, 아래 빈칸에 옮겨 쓰세요.

① 이쪽으로 가까이 와.
　 이쪽으로 　　　 와.

② 깨끗이 개인 하늘
　　　　 개인 하늘

③ 기회를 번번이 놓치다.
　 기회를 　　　 놓치다.

④ 나날이 발전하는 기술
　　　　 발전하는 기술

⑤ 조용히 공부하다.
　　　　 공부하다.

⑥ 분명히 발음하다.
　　　　 발음하다.

⑦ 도저히 참을 수가 없다.
　　　　 참을 수가 없다.

⑧ 솔직히 고백하다.
　　　　 고백하다.

⑨ 다분히 소질이 있다.
　　　　 소질이 있다.

⑩ 의자에 다소곳이 앉아
　 의자에 　　　　 앉아

6회 어구와 문장 연습하기 2

점수   점/200점

□ 안의 틀린 글자를 찾아 ×표 하고, 빈칸에 바르게 고쳐 쓰세요.

틀린 것 찾기   **바르게 고쳐 쓰기**

① 비가 　많　✗　 오다.　　비가 　　　　 오다.

② 비밀을 　고　히　 간직하고　　비밀을 　　　　 간직하고

③ 　알　알　히　 잘 익은 포도　　　　　　　 잘 익은 포도

④ 　곰　곰　히　 생각에 잠겨　　　　　　　 생각에 잠겨

⑤ 　공　평　이　 둘로 나누다.　　　　　　　 둘로 나누다.

⑥ 　틈　틈　히　 공부해서　　　　　　　 공부해서

⑦ 　쓸　쓸　이　 비어 있는 방　　　　　　　 비어 있는 방

⑧ 계획을 　꼼　꼼　이　 살피다.　　계획을 　　　　　 살피다.

⑨ 주저하지 않고 　과　감　이　　주저하지 않고 　　　　　

⑩ 인사도 없이 　홀　연　이　　인사도 없이 　　　　　

125

7회 어구와 문장 받아쓰기 1

점수   점/200점

불러 주는 말을 잘 듣고, 띄어쓰기에 유의하며 받아쓰세요.

Track-48

8회 어구와 문장 받아쓰기 2

점수   점/200점

불러 주는 말을 잘 듣고, 띄어쓰기에 유의하며 받아쓰세요.

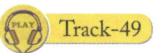 Track-49

1.
2.
3.
4.
5.
6.
7.
8.
9.
10.
11.
12.

종합 평가 2회

점수   점/200점

□ 안의 틀리게 쓴 낱말을 모두 찾아, 오른쪽 빈칸에 바르게 고쳐 쓰세요.

틀린 것 찾기　　　　　　　　　**바르게 고쳐 쓰기**

1. 웃몸 일으키기　　　　　□□ 일으키기

2. 주착 없는 아주머니　　　□□ 없는 아주머니

3. 비가 많히 올 때에는　　　비가 □□ 올 때에는

4. 멋장이로 소문난 아버지　　□□□로 소문난 아버지

5. 허드래로 쓰는 방　　　　□□□로 쓰는 방

6. 알에서 깨어난 수병아리　　알에서 깨어난 □□□□

7. 각별이 친한 두 사람　　　□□□ 친한 두 사람

8. 이 정도면 상당이 큰 집이다.　이 정도면 □□□ 큰 집이다.

9. 잘못을 솔직이 인정하다.　　잘못을 □□□ 인정하다.

10. 생각을 분명이 말하다.　　생각을 □□□ 말하다.

점수   점/200점

불러 주는 말을 잘 듣고, 띄어쓰기에 유의하며 받아쓰세요.

종합 평가 2회

불러 주는 말을 잘 듣고, 띄어쓰기에 유의하며 받아쓰세요. Track-51

점수   점/200점

불러 주는 말을 잘 듣고, 띄어쓰기에 유의하며 받아쓰세요. Track-52

종합 평가 2회

점수   점/200점

불러 주는 말을 잘 듣고, 띄어쓰기에 유의하며 받아쓰세요. Track-53

더 연습하기

틀린 글자나 문장을 연습해요.

틀린 글자나 문장을 연습해요.

〈기적의 명문장 따라쓰기〉

책 한 권을 백 번 읽는 효과
쓰는 힘, 생각하는 힘을 동시에 기르자!

지혜로운 어린이로 거듭나기 위한 '필사(筆寫) 프로젝트'

속담·고사성어 편 | 저자 강효미 | 124쪽 | 초등 1학년 이상~ | 10,000원
명심보감 편 | 저자 박수밀 | 128쪽 | 초등 2학년 이상~ | 10,000원
논어 편 | 저자 박수밀 | 124쪽 | 초등 3학년 이상~ | 10,000원

〈기적의 명문장 따라쓰기〉 한 권이면 이런 효과를 얻을 수 있어요!

 **1 집중력 강화**

50일 동안 하루 한 문장씩 집중해서 또박또박 읽고, 천천히 따라 쓰는 사이에 자연스럽게 집중력이 강화됩니다. 건성으로 공부하는 아이들의 학습 습관을 〈기적의 명문장 따라쓰기〉 한 권으로 바로잡을 수 있습니다.

 **2 사고력 증가**

'이야기 한 토막', '생각 다지기' '생각 넓히기' 코너를 통해 명문장의 의미와 유래를 이해하기 쉽도록 구성했습니다. 집중해서 읽고 천천히 따라쓰면서 아이의 깊이 있는 사고를 유도합니다.

 **3 필력 충전**

열 번 읽는 것보다 한 번 직접 써 보는 것이 학습 효과 면에서 훨씬 뛰어납니다. 명문장을 소리 내어 읽으면서 따라 쓰면 예쁜 글씨체를 익힐 수 있고, 나날이 성장하는 아이의 필력을 눈으로 확인할 수 있습니다.

⟨기적의 일기 쓰기⟩

30일 완성 글쓰기 프로그램
일기 쓰기가 척척! 글쓰기 실력은 쑥쑥!

"엄마, 일기는 어떻게 써요?"

아이들의 질문에 대한 명쾌한 해답!
일기를 한 줄도 못 쓰는 아이들에게 일기 쓰는 가장 쉬운 방법을 알려 주는 교재

구성

최영환·문경은·이수희·이선욱 지음
7세~초등 2학년 | 각 권 8,000원 | 세트 24,000원

- **1권** 시간과 장소를 중심으로 일기 쓰기
- **2권** 인물과 사건을 중심으로 일기 쓰기
- **3권** 시간, 장소, 인물, 사건의 조합으로 일기 쓰기

특징

- 시간, 장소, 인물, 사건의 4가지 키워드로 생각을 정리해요.
- 체계적인 원리 학습을 통해 일기 쓰기의 기초부터 응용까지 익혀요.
- 단계별 학부모 지도팁이 상세하게 제공되어 홈스쿨링이 가능해요.

끝말잇기

기적의 받아쓰기 4권 공부가 끝났어요.
새로 알게 된 낱말을 하나 골라 재미있게 끝말잇기를 해 보세요.

기적의 학습법

<기적의 한글 학습> 최영환 교수의 받아쓰기 프로그램!
2007년 출간 이래 최고의 베스트셀러!

기적의 받아쓰기

개정판

4권 복잡한 소리의 변화 2 <초등 1학년~4학년>

학부모용 지침서

40단계 프로그램으로 쓰기의 힘을 키운다.
듣고, 쓰는 연습을 통해 국어 듣기 능력과 어휘력을 한 단계 높인다.
한국어 문법, 한글 맞춤법, 띄어쓰기, 원고지 사용법까지 한번에 익힌다.

최영환 지음

길벗스쿨

<기적의 한글 학습> 최영환 교수의 받아쓰기 프로그램!
2007년 출간 이래 최고의 베스트셀러!

기적의 받아쓰기

개정판

4권 복잡한 소리의 변화 2 - 학부모용

〈초등 1학년~4학년〉

길벗스쿨

이 책의 활용 방법

❶ 목표 확인

목표를 생각하면서 공부를 하면 효과가 높다는 연구 결과가 많습니다. 받아쓰기에서도 무엇을 학습해야 하는지 정확하게 알면 초점이 분명해지기 때문에, 불필요한 부분을 배제하고 효율적으로 지도할 수 있습니다. 아이들이 학습 목표가 아닌 부분을 틀렸을 경우에도 참고만 하시고, 학습에 포함시키지 않는 것이 좋습니다. 목표를 단일화해야만 합니다. 이 점을 반드시 기억해 주 시오.

❷ 준비 학습(연습하기)

받아쓰기를 하기 전에 미리 준비를 합니다. 학습할 요소를 미리 추출하여 낱자를 연습시키는 단계입니다. 낱자 연습을 통해 받아쓰기를 할 때 주의할 점이 무엇인지 인지하게 되고, 실제로 받아쓰기를 할 때 여기서 학습한 낱자가 그대로 사용되는 경우가 많습니다. 다만, 학습 능력이 우수한 아이의 경우 이 과정을 생략할 수도 있습니다.

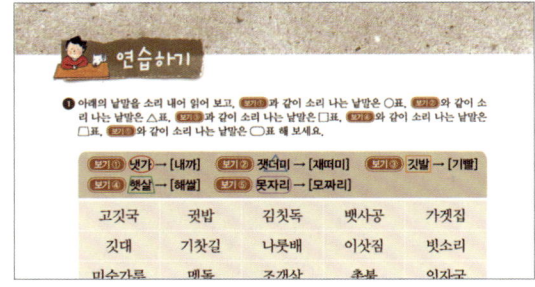

❸ 낱말 연습하기 1(1회)

★ 아이 스스로 공부하게 하십시오.

현재의 받아쓰기는 문장을 불러 주기 때문에 아이들이 매우 힘들어합니다. 한 문장 안에 학습 요소와 그렇지 않은 요소가 포함되어 있기 때문에 초점도 흐려지게 됩니다. '낱말 연습 1'에서는 학습할 낱말의 글자 형태를 미리 알게 하고, 한번 써 보게 하는 데 초점을 두었습니다. 글자를 보고 쓰는 것이기 때문에 혼자서 학습할 수 있고, 낱말만 모아서 제시하였기 때문에 학습 요소를 중심으로 반복 학습이 가능합니다.

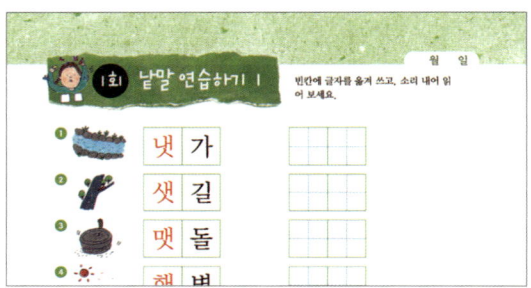

❹ 낱말 연습하기 2(2회)

★ 아이 스스로 공부하게 하십시오.

수수께끼처럼 만들어서 혼자서 재미있게 공부할 수 있게 하였습니다. 답이 아닌 보기는 아이들이 받아쓰기를 한 것에서 흔히 발견되는 잘못 쓴 형태이므로 스스로 자신의 잘못을 교정하는 데 도움이 될 것입니다. 실제로 아이들이 이 과정을 어려워하는 경우가 많습니다. 주의 깊게 살펴보시고, 지도할 것이 무엇인지 확인하여 주십시오.

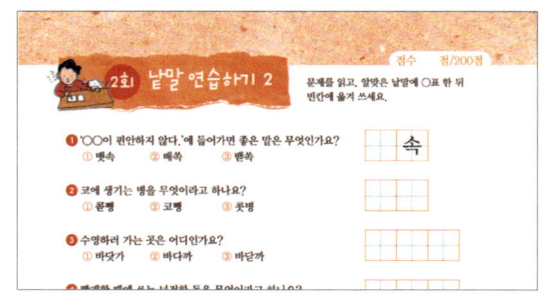

★중간 평가 1, 2회 – 각 장이 끝날 때마다 그 장에서 배운 내용을 확인합니다.
★종합 평가 1, 2회 – 2개의 장이 끝날 때마다 그 장에서 배운 내용을 확인합니다.

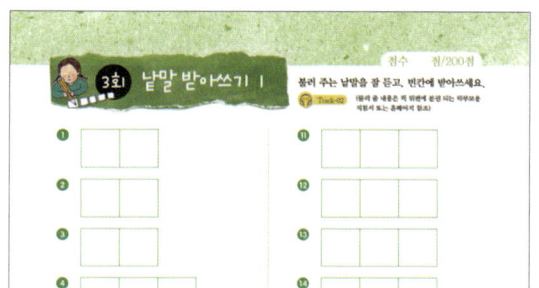

❺ 낱말 받아쓰기 1, 2(3회, 4회)

★ 선생님이나 부모님과 함께 공부하십시오.

받아쓰기는 불러 주는 말을 글자로 옮기는 것입니다. 학습할 목표가 반영된 낱말 40개를 제시하였으므로, 낱말의 받아쓰기 연습의 마지막 과정이 됩니다. 반복을 통한 원리 이해에도 도움이 될 것입니다. 아이들이 흥미를 느끼면 20개씩 불러 주시고, 그렇지 않으면 10개씩 나누어서 연습하십시오. 아이가 잘 틀리는 것만 골라서 불러 주셔도 좋습니다.

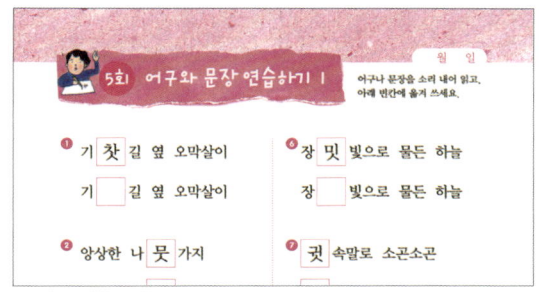

❻ 어구와 문장 연습하기 1(5회)

★ 아이 스스로 공부하게 하십시오.

유사한 낱말을 비교하면서 문장으로 확장하기 위한 과정입니다. 어구의 형태로 만들어서 부담을 줄이고 혼동하기 쉬운 형태, 서로 형태는 비슷하면서 다른 것을 제시하여 연습의 효과를 높였습니다. 아이가 형태의 차이, 발음의 차이를 인지하도록 도와주시고, 필요한 경우에 부모님과 아이가 함께 글자를 짚어 가면서 발음을 해 보는 것도 좋습니다.

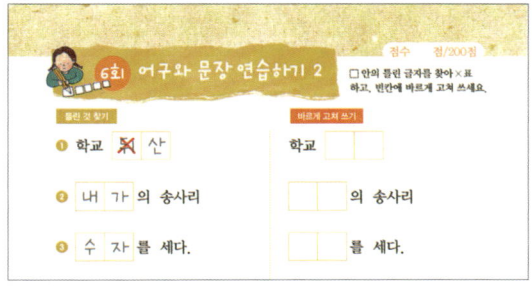

❼ 어구와 문장 연습하기 2(6회)

★ 아이 스스로 공부하게 하십시오.

잘못 쓴 글자를 보면서 고치도록 하는 과정입니다. 문장의 뜻이 무엇인지 모를 경우 고쳐 쓸 수 없으므로 부모님께서 살펴보시고 뜻을 알려 주셔도 좋습니다. 고쳐 쓸 때에는 오른쪽 빈 칸에 쓸 바른 형태에 초점을 두도록 강조하고 확인해 주셔야 합니다. 그렇지 않을 경우 왼쪽 칸의 잘못된 형태가 머릿속에 남을 수도 있으니 지도에 유의하십시오. 문장 받아쓰기를 위한 마지막 준비 과정이므로 열심히 해야 합니다.

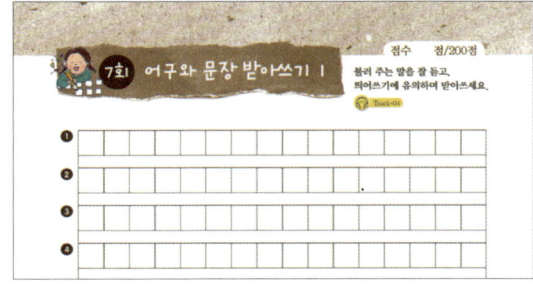

❽ 어구와 문장 받아쓰기 1, 2(7회, 8회)

★ 선생님이나 부모님과 함께 공부하십시오.

학교에서 받아쓰기를 하는 것과 가장 유사한 형태입니다. 아이가 잘 받아쓸 수 있도록 문장을 부르실 때 한 번은 천천히, 그 다음에는 정상 속도로 불러 주십시오. 1권과 2권의 20단계까지는 아이들이 띄어쓰기에 부담을 갖지 않고 자연스럽게 학습할 수 있도록 띄어쓰기의 위치와 마침표를 표시하였습니다.

★홈페이지에 제공된 불러 주기용 파일은 MBC 성우의 음성으로, 정확한 발음을 제공합니다.
★이 책에 실린 모든 낱말의 맞춤법과 띄어쓰기는 국립국어원의 표준국어대사전에 의거합니다.

채점 및 결과 활용 방법

이 책을 사용하면서 받아쓰기 결과를 채점할 때 다음의 3가지를 고려해야 합니다.

첫째, 단계별 목표를 중심으로 채점한다.

받아쓰기를 하면 대개 전체 문장이 맞았는지 틀렸는지 판단하고 채점을 합니다. 그럴 경우 한 글자만 틀려도 문장 전체가 틀린 것으로 채점하게 되는데, 이것은 채점 결과를 활용할 때 아무런 도움이 되지 않습니다. 이 책을 사용할 때 채점은 단계별 목표에 중점을 두어 낱말을 채점하고, 문장에서도 핵심 낱말을 중심으로 살펴보아야 합니다. 예를 들어, 받침이 뒤로 넘어가는 것을 학습하는 단계에서 '그림책에 나온 동물'이라는 문장을 받아쓸 때 [채게]를 '책에'라고 바르게 썼는지에 초점을 두어야 합니다. 그래서 채점을 할 때 전체 문장이 맞았으면 문제당 정한 점수를 주고, 단계별 핵심 요소에 다시 한 번 동그라미를 해 주어 반복 학습의 효과를 얻을 수 있게 해야 합니다. 만일 핵심 학습 요소를 틀렸을 경우 그 부분에만 틀린 표시를 해서 감점을 합니다.

둘째, 학습 단계별 요소를 구별하여 채점한다.

이 책에서는 학습 단계별 요소를 체계적으로 반영하여 모든 자료는 앞 단계에서 학습한 요소와 새로 학습할 요소만으로 만들었습니다. 앞으로 학습할 요소는 최대한 반영하지 않도록 하였습니다. 따라서 대부분의 자료는 학습자가 이미 알고 있는 받아쓰기 지식을 토대로 각 단계별로 학습할 받아쓰기 지식을 추가하면 됩니다. 채점 역시 이러한 체계를 반영하여 단계별 요소를 중심으로 채점하고, 이전 단계에서 학습한 것을 틀렸을 경우 채점에서 배제할 수 있습니다. 위의 예에서, '그림책에 나온 동물' 중 '림' 자를 틀렸거나 '동물'을 잘못 썼다고 해도 감점하거나 틀린 것으로 채점하지 않고, '책에'를 제대로 썼다면 맞은 것으로 인정하는 방식입니다. 즉 문장 전체를 채점하지 않고, 문장 속에서 목표 단계별 요소가 반영된 낱말을 찾아 채점하여 초점을 강조할 수 있습니다. 이 방법은 이전 학습의 결과를 계속 유지하지 못하는 학습자들이 자신감을 잃지 않도록 하는 것이므로 필요에 따라 선택적으로 사용해도 좋습니다.

셋째, 점수는 최대한 잘 주고, 감점은 최소화한다.

받아쓰기 핵심 요소를 중심으로 하여 낱말 받아쓰기의 경우 20개씩 2개 세트가 제공됩니다. 이것을 10개씩 나누어 제공할 수도 있고 20개씩 나누어 제공할 수도 있습니다. 학습자의 특성에 따라 선택하면 됩니다. 채점할 때에는 위의 지침을 따르도록 합니다. 문장 받아쓰기는 12개 문장을 제시하였는데, 이것은 총 배점이 200점이 되도록 하여 받아쓰기 점수가 높아지는 효과가 있습니다. 즉 100점 만점으로 채점하지 말고 200점 만점으로 채점해서 학습자가 자신의 받아쓰기 점수에 대해 만족하고 스스로 자신감을 갖도록 해 줍니다. 감점은 최소화해서 틀린 글자 단위로 1점이나 2점, 혹은 자유롭게 정해서 채점해 주십시오.

받아쓰기 채점에서 가장 중요한 것은 학습자에 대한 평가 점수를 얻는 것이 아니라 받아쓰기 능력에 대한 정보를 얻고, 학습자가 받아쓰기에 흥미를 갖고 더 열심히 받아쓰기를 하도록 격려하는 것입니다. 학부모가 점수에 인색하면, 학습자는 학습에 인색하게 된다는 점을 유념해 주시기 바랍니다.

31단계
뒷말의 첫소리가 된소리로 나요

★이것을 가르쳐 주세요★

이 단계는 뒷글자의 첫소리가 평음인데 된소리로 발음될 때 사이시옷을 붙이는 것에 대하여 지도합니다.

• 뒷글자의 첫소리가 평음인데 된소리로 발음할 때 사이시옷 붙이기
  ※ '평음'이란? 예사소리로 'ㄱ, ㄷ, ㅂ, ㅅ, ㅈ' 등을 이릅니다.

★학습 목표★

• 앞 글자가 모음 + 뒷글자의 첫소리가 'ㄱ, ㄷ, ㅂ, ㅅ, ㅈ'에서 뒷글자의 첫소리가 된소리로 발음되면 사이시옷을 붙이기

  앞 글자가 모음으로 끝나고, 뒷글자가 'ㄱ, ㄷ, ㅂ, ㅅ, ㅈ'으로 시작하는 낱말에서 뒷글자의 첫소리가 된소리로 발음되면 사이시옷을 붙입니다.

• 발음을 정확히 알도록 하기

  위의 조건을 알고 있어도 표준 발음을 하지 못하면 이 규칙을 적용하지 못할 때가 많습니다. 발음을 정확히 아는 것이 중요합니다.

★지도할 때 주의할 점★

사이시옷은 합성어가 만들어질 때 생기는 소리의 변동 현상을 표기에 반영하기 위해 적도록 한 것입니다. 표기에 맞춰 발음을 하도록 하기 위한 것이 아니라 실제 발음을 고려하여 표기에 반영한 것임에 유의해야 합니다.

사잇소리 현상은 규칙이 아니라 현상이므로 같은 조건에서도 일어날 수도 있고, 안 일어날 수도 있습니다. 따라서 아이가 궁금해할 때에는 사전을 찾아 확인해 보게 합니다.

낱말 연습하기 1, 2

아이 스스로 공부하도록 지도해 주세요.
진하게 쓴 글자를 바르게 쓰는지 확인해 주세요.

1회 16쪽

2회 17쪽

낱말 받아쓰기 1, 2

진하게 쓴 글자의 발음에 유의하며 한 번만 불러 주세요.
단, 받아쓰기가 익숙하지 않아 잘 못 알아들었을 경우 한 번 더 불러 주세요.

3회 18쪽

1. 냇가
2. 볏단
3. 칫솔
4. 김칫독
5. 전봇대
6. 모깃불
7. 장밋빛
8. 뱃사공
9. 조갯살
10. 건넛집
11. 부잣집
12. 바닷가
13. 기찻길
14. 부싯돌
15. 주춧돌
16. 빗방울
17. 쳇바퀴
18. 귓속말
19. 빗줄기
20. 뒷주머니

4회 19쪽

1. 맷돌
2. 콧등
3. 깃발
4. 촛불
5. 햇살
6. 뱃길
7. 뒷산
8. 탯줄
9. 방앗간
10. 어젯밤
11. 못자리
12. 전셋집
13. 젓가락
14. 잿더미
15. 나룻배
16. 하룻밤
17. 잔칫상
18. 잇자국
19. 나뭇가지
20. 옥수숫대

어구와 문장 연습하기 1, 2

아이 스스로 공부하도록 지도해 주세요.

5회 20쪽

❶ 기 찻 길 옆 오막살이
　 기 찻 길 옆 오막살이

❷ 앙상한 나 뭇 가지
　 앙상한 나 뭇 가지

❸ 잿 더미가 된 도시
　 잿 더미가 된 도시

❹ 전 봇 대처럼 키가 크다.
　 전 봇 대처럼 키가 크다.

❺ 빗 방울 전주곡
　 빗 방울 전주곡

❻ 장 밋 빛으로 물든 하늘
　 장 밋 빛으로 물든 하늘

❼ 귓 속말로 소곤소곤
　 귓 속말로 소곤소곤

❽ 따가운 여름 햇 살
　 따가운 여름 햇 살

❾ 부 잣 집 맏며느리
　 부 잣 집 맏며느리

❿ 잇 자국이 선명하다.
　 잇 자국이 선명하다.

6회 21쪽

틀린 것 찾기 | **바르게 고쳐 쓰기**

❶ 학교 뒤~~ㅅ~~ 산 | 학교 뒷 산
❷ 내~~ㅅ~~ 가 의 송사리 | 냇 가 의 송사리
❸ 수~~ㅅ~~ 자 를 세다. | 숫 자 를 세다.
❹ 치~~ㅅ~~ 솔 과 치약 | 칫 솔 과 치약
❺ 매~~ㅅ~~ 돌 에 콩을 갈아서 | 맷 돌 에 콩을 갈아서
❻ 코~~ㅅ~~ 등 이 찡하다. | 콧 등 이 찡하다.
❼ 어 젣~~ㅅ~~ 밤 꿈에 | 어 젯 밤 꿈에
❽ 참새와 방 아~~ㅅ~~ 간 | 참새와 방 앗 간
❾ 등 고~~ㅅ~~ 길 에 만난 친구 | 등 곳 길 에 만난 친구
❿ 떡국과 만 두~~ㅅ~~ 국 | 떡국과 만 둣 국

어구와 문장 받아쓰기 1, 2

정확한 발음으로 한 번만 불러 주세요. 단, 받아쓰기가 익숙하지 않아 잘 못 알아들었을 경우 한 번 더 불러 주세요. 띄어 쓴 부분은 짧게 띄어 읽어 주세요.

7회 22쪽

❶ 쌀밥에 고깃국
❷ 냇가에서 빨래를 한다.
❸ 시원한 미숫가루 한 잔
❹ 볏단을 나르는
❺ 핏대를 세우고
❻ 구릿빛 피부
❼ 마룻바닥 위의 대팻밥
❽ 혓바늘이 돋다.
❾ 소문난 잔칫상
❿ 툇세가 심한 사람들
⓫ 건넛집 친구
⓬ 뱃전 너머 바다가 반짝이다.

8회 23쪽

❶ 태양초 고춧가루
❷ 구슬픈 노랫가락
❸ 북엇국과 선짓국
❹ 하룻강아지 범 무서운 줄
❺ 원시인들이 썼던 부싯돌
❻ 콧등이 시큰하다.
❼ 귓밥이 두툼하다.
❽ 잿빛 하늘 자줏빛 제비꽃
❾ 횃불을 들고 나갔다.
❿ 가장 긴 가운뎃손가락
⓫ 그의 속은 우렁잇속 같다.
⓬ 아랫집 윗집 사이에

32단계
앞말에 'ㄴ' 소리가 덧나요

★이것을 가르쳐 주세요★

이 단계는 사이시옷을 붙이는 낱말 중 앞 글자가 모음으로 끝나고 뒷글자가 'ㄴ, ㅁ'일 때 앞 글자에 'ㄴ'을 덧붙여 발음하는 경우에 대하여 지도합니다.

- 뒷글자의 첫소리가 'ㄴ, ㅁ'일 때 앞 글자에 'ㄴ'을 덧붙여 발음할 때 사이시옷 붙이기

★학습 목표★

- 앞 글자가 모음 + 뒷글자가 'ㄴ, ㅁ'일 때 앞 글자에 'ㄴ'이 덧붙여 발음되면 앞 글자의 받침으로 'ㅅ'을 붙여 쓰기

앞 글자가 모음으로 끝나고, 뒷글자가 'ㄴ, ㅁ'으로 시작하는 낱말에서 이유 없이 앞 글자의 받침에 'ㄴ'이 덧붙여 발음되면 앞 글자의 받침으로 'ㅅ'을 붙여 씁니다.
'ㄴ, ㅁ' 같은 비음 앞에 사이시옷이 들어간 경우에는 'ㅅ→ㄷ→ㄴ'의 과정에 따라 사이시옷을 [ㄴ]으로 발음합니다. 즉 '콧날'은 [콛날]→[콘날]의 과정에 따라 [콘날]로 발음됩니다. 그러나 아이에게 이 과정을 다 설명해 줄 필요는 없습니다.

- 조건을 인식시키는 데 초점 두기

초등학교 저학년 아이에게도 설명을 통해 쉽게 가르칠 수 있는 단계입니다. 다만, 어려운 낱말은 아이의 수준에 맞게 가르치시는 분이 그 낱말의 뜻을 적절히 설명해 주시면 됩니다.

★지도할 때 주의할 점★

사이시옷을 붙이는 것은 어른들도 매우 어려워하는 것입니다. 그러나 표준 발음을 제대로 알고 있으면 그리 어려운 일도 아닙니다. 가르치시는 분께서 정확한 발음으로 여러 번 불러 주십시오.

낱말 연습하기 1, 2

아이 스스로 공부하도록 지도해 주세요.
진하게 쓴 글자를 바르게 쓰는지 확인해 주세요.

1회 26쪽

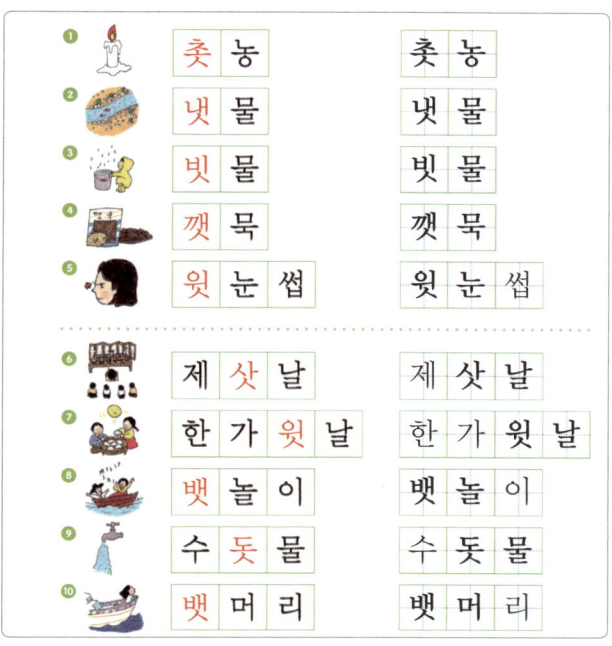

① 🕯	촛 농	촛 농
②	냇 물	냇 물
③	빗 물	빗 물
④	깻 묵	깻 묵
⑤	윗 눈 썹	윗 눈 썹
⑥	제 삿 날	제 삿 날
⑦	한 가 윗 날	한 가 윗 날
⑧	뱃 놀 이	뱃 놀 이
⑨	수 돗 물	수 돗 물
⑩	뱃 머 리	뱃 머 리

2회 27쪽

① '○○ 터지듯 나오는 울음'에 알맞은 말은 무엇인가요?
① 봇물 ② 보물 ③ 본물 → 봇 물

② 돌아가신 분에게 제사 지내는 날을 무엇이라고 하나요?
① 제사남 ② 제사날 ③ 제삿날 → 제 삿 날

③ 기분이 좋을 때 흥얼거리는 것은 무엇인가요?
① 콘노래 ② 콧노래 ③ 코노래 → 콧 노 래

④ '○○○ 가자.'에 알맞은 말은 무엇인가요?
① 뱃놀이 ② 밴놀이 ③ 배놀이 → 뱃 놀 이

⑤ 뒤를 보면서 무엇인가를 확인하는 것을 무엇이라고 하나요?
① 뒷눈질 ② 뒨눈질 ③ 뒤눈질 → 뒷 눈 질

⑥ 소금 성분 때문에 짠 물은 무엇인가요?
① 바닷물 ② 바다물 ③ 바단물 → 바 닷 물

⑦ 산나물을 다른 말로 무엇이라고 하나요?
① 멘나물 ② 멧나물 ③ 메나물 → 멧 나 물

⑧ 식물의 줄기 등에 모여서 진을 빨아먹는 해충은 무엇인가요?
① 진디물 ② 진딧물 ③ 진딘물 → 진 딧 물

⑨ 건너편에 있는 마을을 뜻하는 말은 무엇인가요?
① 건너마을 ② 건넌마을 ③ 건넛마을 → 건 넛 마 을

⑩ 베개를 베고 누웠을 때 머리 쪽에 가까운 곳은 무엇인가요?
① 베개머리 ② 베갯머리 ③ 베갠머리 → 베 갯 머 리

낱말 받아쓰기 1, 2

진하게 쓴 글자의 발음에 유의하며 한 번만 불러 주세요.
단, 받아쓰기가 익숙하지 않아 잘 못 알아들었을 경우 한 번 더 불러 주세요.

3회 28쪽

① 냇 물
② 빗 물
③ 뒷 문
④ 훗 날
⑤ 뒷 면
⑥ 옛 말
⑦ 깻 묵
⑧ 옛 날
⑨ 촛 농
⑩ 존 댓 말
⑪ 제 삿 날
⑫ 아 랫 니
⑬ 윗 눈 썹
⑭ 수 돗 물
⑮ 양 칫 물
⑯ 뒷 날 개
⑰ 뱃 놀 이
⑱ 바 닷 물
⑲ 가 윗 날
⑳ 가 운 뎃 마 디

4회 29쪽

① 콧 날
② 윗 니
③ 윗 물
④ 윗 녘
⑤ 노 랫 말
⑥ 뒷 모 습
⑦ 세 숫 물
⑧ 윗 마 을
⑨ 아 랫 물
⑩ 뒷 눈 질
⑪ 콧 노 래
⑫ 뱃 노 래
⑬ 혼 잣 말
⑭ 아 랫 녘
⑮ 건 넛 마 을
⑯ 아 랫 마 을
⑰ 고 갯 마 루
⑱ 베 갯 머 리
⑲ 윗 눈 시 울
⑳ 옛 날 이 야 기

어구와 문장 연습하기 1, 2

아이 스스로 공부하도록 지도해 주세요.

5회 30쪽

① 콧 날이 오똑하다.
  콧 날이 오똑하다.

② 한가 윗 날 아침에
  한가 윗 날 아침에

③ 노 저으며 부르는 뱃 노래
  노 저으며 부르는 뱃 노래

④ 저 아 랫 녘 남도에서는
  저 아 랫 녘 남도에서는

⑤ 윗 눈썹이 길어 인형 같다.
  윗 눈썹이 길어 인형 같다.

⑥ 냇 물에 발을 담그다.
  냇 물에 발을 담그다.

⑦ 나뭇잎에 진 딧 물이
  나뭇잎에 진 딧 물이

⑧ 혼 잣 말로 중얼거리면서
  혼 잣 말로 중얼거리면서

⑨ 정류장 팻 말
  정류장 팻 말

⑩ 건 넛 마을 큰댁에
  건 넛 마을 큰댁에

6회 31쪽

어구와 문장 받아쓰기 1, 2

정확한 발음으로 한 번만 불러 주세요. 단, 받아쓰기가 익숙하지 않아 잘 못 알아들었을 경우 한 번 더 불러 주세요. 띄어 쓴 부분은 짧게 띄어 읽어 주세요.

7회 32쪽

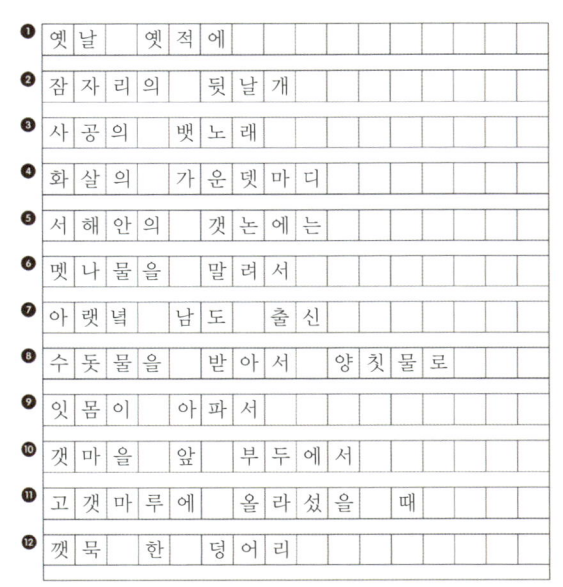

8회 33쪽

① 시원한 냇물
② 뒷날 만난다면
③ 할머니 제삿날에는
④ 신이 나서 콧노래가 절로
⑤ 건넛마을 김 서방네
⑥ 뒷눈질하며 살금살금
⑦ 아랫니가 아프다.
⑧ 뒷문 닫아라.
⑨ 혼잣말로 뭐라고
⑩ 반말하다가 존댓말로
⑪ 화분에 진딧물이
⑫ 푯말을 세우다.

33단계
앞말과 뒷말에 'ㄴ' 소리를 두 번 붙여요

★이것을 가르쳐 주세요★

　이 단계는 사이시옷을 붙이는 낱말 중 앞 글자가 모음으로 끝나고 뒷글자의 첫소리도 모음일 때 'ㄴ'이 두 번 발음되는 경우에 대하여 지도합니다.

• 앞 글자의 받침으로 'ㄴ', 뒷글자의 첫소리로 'ㄴ'을 덧붙여 발음할 때 사이시옷 붙이기

★학습 목표★

• 앞 글자가 모음 + 뒷글자의 첫소리가 모음일 때 'ㄴ'이 두 번 발음되면 앞 글자의 받침으로 사이시옷을 붙여 쓰기

　앞 글자가 모음으로 끝나고, 뒷글자의 첫소리가 모음일 때, 앞 글자의 받침으로 'ㄴ'을 덧붙이고 뒷글자의 첫소리로 'ㄴ'을 덧붙여 'ㄴ'이 두 번 발음되면 앞 글자의 받침으로 사이시옷을 붙여 씁니다.

• 몇 개의 낱말을 외우게 하기

　사이시옷을 붙이는 조건 중에 'ㄴㄴ' 소리가 덧나는 경우의 예는 매우 적습니다. 따라서 몇 개의 낱말을 외우게 하는 것도 좋은 방법입니다. 다만, 어려운 낱말은 아이의 수준에 맞게 가르치시는 분이 그 낱말의 뜻을 적절히 설명해 주시면 됩니다.

★지도할 때 주의할 점★

　사이시옷을 붙이는 조건은 다음과 같습니다.
• 순 우리말로 된 합성어로서 앞 글자가 모음으로 끝난 경우
　 – 뒷글자의 첫소리가 된소리로 나는 것
　 – 뒷글자의 첫소리 'ㄴ, ㅁ' 앞에서 'ㄴ' 소리가 덧나는 것
　 – 뒷글자의 첫소리 모음 앞에서 'ㄴㄴ' 소리가 덧나는 것
• 순 우리말과 한자어로 된 합성어로서 앞 글자가 모음으로 끝난 경우
　 – 뒷글자의 첫소리가 된소리로 나는 것
　 – 뒷글자의 첫소리 'ㄴ, ㅁ' 앞에서 'ㄴ' 소리가 덧나는 것
　 – 뒷글자의 첫소리 모음 앞에서 'ㄴㄴ' 소리가 덧나는 것
• 두 음절로 된 다음 한자어
　 – 곳간(庫間), 셋방(貰房), 숫자(數字), 찻간(車間), 툇간(退間), 횟수(回數)

낱말 연습하기 1, 2

아이 스스로 공부하도록 지도해 주세요.
진하게 쓴 글자를 바르게 쓰는지 확인해 주세요.

1회 36쪽

2회 37쪽

낱말 받아쓰기 1, 2

진하게 쓴 글자의 발음에 유의하며 한 번만 불러 주세요.
단, 받아쓰기가 익숙하지 않아 잘 못 알아들었을 경우 한 번 더 불러 주세요.

3회 38쪽

4회 39쪽

어구와 문장 연습하기 1, 2

아이 스스로 공부하도록 지도해 주세요.

5회 40쪽

1. 옛 일을 생각하니 / 옛 일을 생각하니
2. 뒷 일을 부탁하네. / 뒷 일을 부탁하네.
3. 나뭇 잎이 노랗게 / 나뭇 잎이 노랗게
4. 고춧 잎 버무린 것 / 고춧 잎 버무린 것
5. 숫 양과 숫 염소 / 숫 양과 숫 염소
6. 늑대의 울음꼼은 예 삿 일 / 늑대의 울음꼼은 예 삿 일
7. 눈물이 베 갯 잇을 적시다. / 눈물이 베 갯 잇을 적시다.
8. 일이 끝나고 하는 가 윗 일 / 일이 끝나고 하는 가 윗 일
9. 아 랫 입술을 깨물다. / 아 랫 입술을 깨물다.
10. 자질구레한 허드 렛 일 / 자질구레한 허드 렛 일

6회 41쪽

틀린 것 찾기 / 바르게 고쳐 쓰기

1. 고기를 ~~깨~~ 잎에 싸서 / 고기를 깻 잎에 싸서
2. ~~배~~ 일을 하는 어부들 / 뱃 일을 하는 어부들
3. ~~휴~~ 일을 걱정하다. / 훗 일을 걱정하다.
4. ~~위~~ 입술이 부르텄다. / 윗 입 술이 부르텄다.
5. 배 ~~추~~ 잎의 배추벌레 / 배 춧 잎의 배추벌레
6. 담 ~~배~~ 잎을 말리다. / 담 뱃 잎을 말리다.
7. ~~뒤~~ 입맛이 떨떠름하다. / 뒷 입 맛이 떨떠름하다.
8. 사 ~~소~~ 일에 매달려 / 사 삿 일에 매달려
9. 모내기 때 두 ~~래~~ 일 하여 / 모내기 때 두 렛 일 하여
10. 호박잎쌈과 가 ~~지~~ 잎 쌈 / 호박잎쌈과 가 짓 잎 쌈

어구와 문장 받아쓰기 1, 2

정확한 발음으로 한 번만 불러 주세요. 단, 받아쓰기가 익숙하지 않아 잘 못 알아들었을 경우 한 번 더 불러 주세요. 띄어 쓴 부분은 짧게 띄어 읽어 주세요.

7회 42쪽

1. 옛일을 떠올리며
2. 어부들이 뱃일을 한다.
3. 숫양 일곱 마리
4. 댓잎 서걱대는 소리
5. 나뭇잎이 떨어진다.
6. 고춧잎 말린 것
7. 윗입술이 부르텄다.
8. 윗잇몸이 부어서
9. 예삿일이 아니다.
10. 사삿일에 너무 신경 쓰지 마.
11. 두렛일하는 마을 어른들
12. 가윗일을 하느라 바쁘다.

8회 43쪽

1. 즐거웠던 옛일을 생각하니
2. 고기를 깻잎에 싸서 먹다.
3. 뒷일은 걱정 마세요.
4. 훗일을 기약해 봐야
5. 바스락거리는 나뭇잎
6. 배춧잎 속 배추벌레
7. 길쭉한 모양의 수숫잎
8. 담뱃잎을 말려서
9. 윗입술이 아랫입술에 닿다.
10. 그는 아랫잇몸이 아팠다.
11. 베갯잇을 적시는 눈물
12. 상추쌈과 가짓잎쌈

중간 평가 1회

실제로 시험을 보는 자세로 임하게 지도해 주세요.
정확한 발음으로 한 번만 불러 주세요.

1회 44쪽

틀린 것 찾기	바르게 고쳐 쓰기
① 기차길 옆 오막살이	기찻길 옆 오막살이
② 앙상한 나무가지	앙상한 나뭇가지
③ 따가운 여름 해살	따가운 여름 햇살
④ 위눈썹이 길어서	윗눈썹이 길어서
⑤ 내물에 발을 담그다.	냇물에 발을 담그다.
⑥ 나무잎에 진디물	나뭇잎에 진딧물
⑦ 뒤일을 부탁하네.	뒷일을 부탁하네.
⑧ 배일 하는 어부들	뱃일 하는 어부들
⑨ 수양과 수염소	숫양과 숫염소
⑩ 예일을 생각하니	옛일을 생각하니

1회 45쪽

틀린 것 찾기	바르게 고쳐 쓰기
① 내가의 송사리	냇가의 송사리
② 참새와 방아간	참새와 방앗간
③ 매돌에 콩을 갈아서	맷돌에 콩을 갈아서
④ 치솔과 치약	칫솔과 치약
⑤ 뒤눈질로 슬금슬금	뒷눈질로 슬금슬금
⑥ 초농이 굴러 떨어져	촛농이 굴러 떨어져
⑦ 출렁이는 바다물	출렁이는 바닷물
⑧ 고기를 깨잎에 싸서	고기를 깻잎에 싸서
⑨ 담배잎을 말리다.	담뱃잎을 말리다.
⑩ 자질구레한 허드레일	자질구레한 허드렛일

중간 평가 1회

실제로 시험을 보는 자세로 임하게 지도해 주세요.
정확한 발음으로 한 번만 불러 주세요.

1회 46쪽

① 냇가에 모여
② 시원한 미숫가루 한 잔
③ 원시인들이 썼던 부싯돌
④ 마룻바닥 위로
⑤ 고래 뱃속에서 본 호랑이
⑥ 재미있는 옛날이야기
⑦ 고갯마루에 올라섰을 때
⑧ 수돗물을 받아서 양칫물로
⑨ 윗마을 청년과 아랫마을 청년
⑩ 화분에 진딧물이
⑪ 댓잎 서걱대는 소리
⑫ 두렛일하는 마을 어른들
⑬ 윗입술이 아랫입술에 닿아
⑭ 잔칫집에서 허드렛일을 했다.

1회 47쪽

① 태양초 고춧가루
② 하룻강아지 범 무서운 줄
③ 콧등이 시큰하다.
④ 귓밥이 두툼하다.
⑤ 잿빛 하늘 자줏빛 제비꽃
⑥ 건넛마을 김 서방네
⑦ 할머니 제삿날에는
⑧ 신이 나서 콧노래가 절로
⑨ 시원한 냇물
⑩ 반말하다가 존댓말로
⑪ 텃마당의 볏단
⑫ 바스락거리는 나뭇잎
⑬ 배춧잎 속 배추벌레
⑭ 베갯잇을 적시는 눈물

34단계
받침이 두 개일 때 이렇게 발음해요 1

★이것을 가르쳐 주세요★

이 단계에서는 겹받침의 발음이 앞의 받침으로 발음되는 낱말을 지도합니다.
- 겹받침 'ㄳ, ㄵ, ㄼ, ㄽ, ㄾ, ㅄ'은 앞의 받침으로 발음하는 것 알기

★학습 목표★

- 겹받침 'ㄳ, ㄵ, ㄼ, ㄽ, ㄾ, ㅄ'은 앞의 받침으로 발음하기

겹받침 'ㄳ, ㄵ, ㄼ, ㄽ, ㄾ, ㅄ'은 앞의 받침으로 발음해야 합니다.

겹받침	발음	예
ㄳ	[ㄱ]	넋[넉], 몫[목]
ㄵ	[ㄴ]	앉다[안따], 얹다[언따]
ㄼ, ㄽ, ㄾ	[ㄹ]	넓다[널따], 외곬[외골], 핥다[할따]
ㅄ	[ㅂ]	값[갑], 없다[업따]

겹받침의 표기와 발음은 외워야 하지만, 뒤에 모음으로 시작하는 글자를 붙여 보면 어떠한 겹받침을 붙여야 하는지 쉽게 알 수 있습니다.
'넋+이라도 → [넉시라도]'로 발음되므로 앞의 'ㄱ'과 뒤의 'ㅅ'을 합쳐서 쓰면 되고, '값+이 → [갑시]'로 발음되므로 앞의 'ㅂ'과 뒤의 'ㅅ'을 합쳐서 쓰면 됩니다.

★지도할 때 주의할 점★

앞의 받침으로 발음되는 겹받침 중에서 'ㄼ'은 두 가지 경우의 예외가 있습니다.
예 '밟-'을 [밥]으로 발음하는 경우 : 밟다[밥따], 밟지[밥찌], 밟는[밥는]
　　'넓-'을 [넙]으로 발음하는 경우 : 넓죽하다[넙쭈카다], 넓둥글다[넙뚱글다]

낱말 연습하기 1, 2

아이 스스로 공부하도록 지도해 주세요.
진하게 쓴 글자를 바르게 쓰는지 확인해 주세요.

1회 50쪽

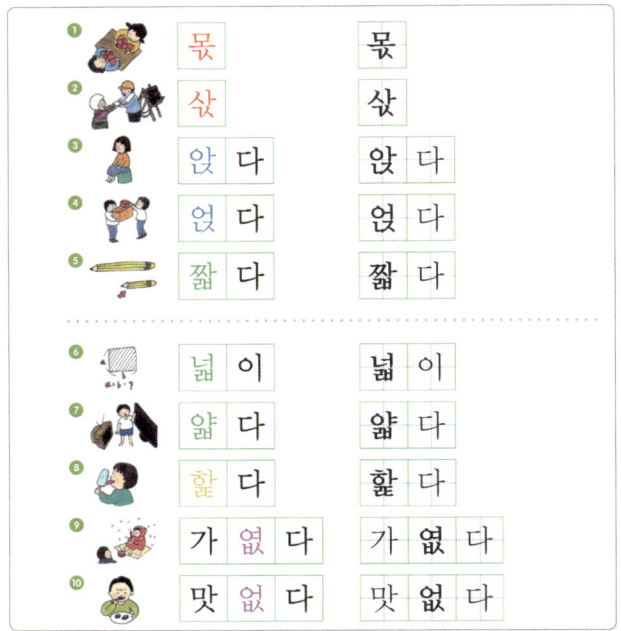

2회 51쪽

낱말 받아쓰기 1, 2

진하게 쓴 글자의 발음에 유의하며 한 번만 불러 주세요.
단, 받아쓰기가 익숙하지 않아 잘 못 알아들었을 경우 한 번 더 불러 주세요.

3회 52쪽

① 몫　　⑪ 없다
② 삯　　⑫ 넓다
③ 넋　　⑬ 짧다
④ 값　　⑭ 얇다
⑤ 앉다　⑮ 엷은
⑥ 앉고　⑯ 떫은
⑦ 얹다　⑰ 핥다
⑧ 얹고　⑱ 핥기
⑨ 여덟　⑲ 훑다
⑩ 넓이　⑳ 훑고

4회 53쪽

16

어구와 문장 연습하기 1, 2

아이 스스로 공부하도록 지도해 주세요.

5회 54쪽

❶ 넋이가 넓다.
　넋이가 넓다.

❷ 떫은 것이 맛없다.
　떫은 것이 맛없다

❸ 여덟 명이 가엾다.
　여덟 명이 가엾다.

❹ 볼품없고 값이 싼
　볼품없고 값이 싼

❺ 품삯은 내 몫이야.
　품삯은 내 몫이야.

❻ 짐을 얹고 앉아라.
　짐을 얹고 앉아라.

❼ 얇은 옷과 엷은 구름
　얇은 옷과 엷은 구름

❽ 개미 핥기가 힘없다.
　개미 핥기가 힘없다.

❾ 앉아 있는 앉은뱅이
　앉아 있는 앉은뱅이

❿ 다리가 짧고 볼품없다.
　다리가 짧고 볼품없다.

6회 55쪽

어구와 문장 받아쓰기 1, 2

정확한 발음으로 한 번만 불러 주세요. 단, 받아쓰기가 익숙하지 않아 잘 못 알아들었을 경우 한 번 더 불러 주세요. 띄어 쓴 부분은 짧게 띄어 읽어 주세요.

7회 56쪽

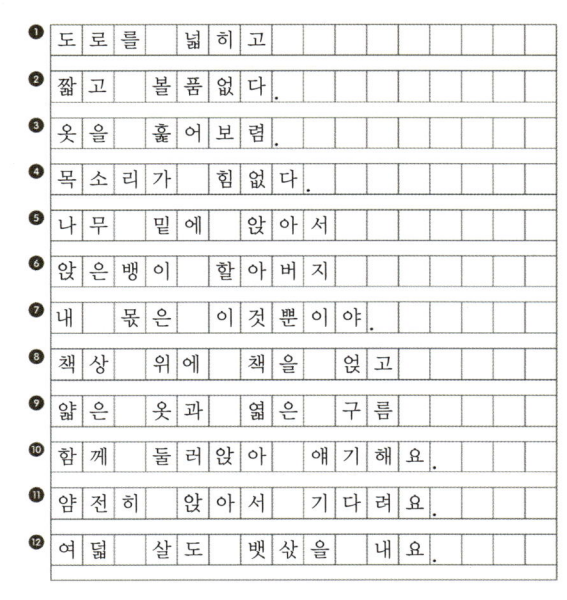

8회 57쪽

❶	떡을 얇게 썰어라.
❷	아이 곁에 둘러앉아
❸	떫은 맛이 나는 감
❹	값싸고 맛있는 음식
❺	사각형의 둘레와 넓이
❻	쉼터에 앉아서 쉬세요.
❼	구석구석 잘 훑어보렴.
❽	나는 여덟 살에 입학해요.
❾	머리에 책을 얹고 걸었다.
❿	힘없고 아픈 마을 아이들
⓫	아이스크림을 핥아먹었다.
⓬	충격으로 넋이 나간 할머니

17

35단계
받침이 두 개일 때 이렇게 발음해요 2

★이것을 가르쳐 주세요★
이 단계에서는 다음의 겹받침에 중점을 두고 지도합니다.

- 겹받침 'ㄺ, ㄻ, ㄿ'으로 끝나거나 뒤에 자음이 오면 뒤의 받침으로 발음하기
- 겹받침 'ㄶ, ㅀ' 뒤에 모음이 오면 앞의 받침으로 발음하기
- 겹받침 'ㄶ, ㅀ' 뒤에 'ㄱ, ㄷ, ㅈ'이 오면 'ㅋ, ㅌ, ㅊ'으로 발음하기

★이것을 가르쳐 주세요★

겹받침		발음		예
ㄺ	+ 끝나거나, 자음	[ㄱ]		닭[닥]
ㄻ		[ㅁ]		삶다[삼따]
ㄿ		[ㅂ]		읊다[읍따]
	+ 모음		+ 모음	않아[아나]
ㄶ	+ ㄱ	[ㄴ]	+[ㅋ]	옳고[올코]
ㅀ	+ ㄷ	[ㄹ]	+[ㅌ]	잃다[일타]
	+ ㅈ		+[ㅊ]	많지[만치]

- 겹받침 'ㄺ, ㄻ, ㄿ'은 '닭[닥], 삶다[삼따], 읊다[읍따]'와 같이 뒤의 받침 'ㄱ, ㅁ, ㅂ'으로 발음합니다.
- 겹받침 'ㄶ, ㅀ' 뒤에 모음이 오면 '않아[아나], 닳아[다라]'와 같이 'ㅎ'은 발음하지 않고 앞의 받침 'ㄴ', 'ㄹ'로 발음합니다.
- 겹받침 'ㄶ, ㅀ' 뒤에 'ㄱ, ㄷ, ㅈ'이 오면 '옳고[올코], 잃다[일타], 많지[만치]'와 같이 'ㅎ'의 영향을 받아 'ㅋ, ㅌ, ㅊ'으로 발음합니다.

★지도할 때 주의할 점★

　겹받침 'ㄺ, ㄻ, ㄿ' 뒤에 모음이 오면 '맑은[말근], 삶은[살믄], 읊어[을퍼]'와 같이 앞의 받침으로 발음해야 합니다. 또 겹받침 'ㄺ'은 뒤에 'ㄱ'으로 시작되는 글자가 오면 '맑게[말게], 묽고[물꼬]'와 같이 앞의 받침 'ㄹ'로 발음합니다.

낱말 연습하기 1, 2

아이 스스로 공부하도록 지도해 주세요.
진하게 쓴 글자를 바르게 쓰는지 확인해 주세요.

1회 60쪽

2회 61쪽

낱말 받아쓰기 1, 2

진하게 쓴 글자의 발음에 유의하며 한 번만 불러 주세요.
단, 받아쓰기가 익숙하지 않아 잘 못 알아들었을 경우 한 번 더 불러 주세요.

3회 62쪽

4회 63쪽

① 붉 다		⑪ 흙 장 난	
② 굵 다		⑫ 흙 탕 물	
③ 묽 다		⑬ 닭 싸 움	
④ 옮 다		⑭ 닭 튀 김	
⑤ 닮 고		⑮ 굶 주 린	
⑥ 읊 다		⑯ 괜 찮 아	
⑦ 읊 고		⑰ 귀 찮 아	
⑧ 많 이		⑱ 점 잖 게	
⑨ 닳 다		⑲ 닳 도 록	
⑩ 싫 다		⑳ 배 앓 이	

19

어구와 문장 연습하기 1, 2

아이 스스로 공부하도록 지도해 주세요.

5회 64쪽

1. 암 탉 과 수 탉
   암 탉 과 수 탉

2. 아기의 눈은 맑 다.
   아기의 눈은 맑 다.

3. 산기 슭 에서의 삶
   산기 슭 에서의 삶

4. 동시를 읊 기도 했다.
   동시를 읊 기도 했다.

5. 진 흙 탕에서 흙 장난
   진 흙 탕에서 흙 장난

6. 많 이 달지 않 아요.
   많 이 달지 않 아요.

7. 새끼는 어미를 닮 는다.
   새끼는 어미를 닮 는다.

8. 늙 지 말고 젊 게 살자.
   늙 지 말고 젊 게 살자.

9. 건강 잃 고 병도 옮 고
   건강 잃 고 병도 옮 고

10. 귀 찮 지만 옳 은 일이야.
    귀 찮 지만 옳 은 일이야.

6회 65쪽

어구와 문장 받아쓰기 1, 2

정확한 발음으로 한 번만 불러 주세요. 단, 받아쓰기가 익숙하지 않아 잘 못 알아들었을 경우 한 번 더 불러 주세요. 띄어 쓴 부분은 짧게 띄어 읽어 주세요.

7회 66쪽

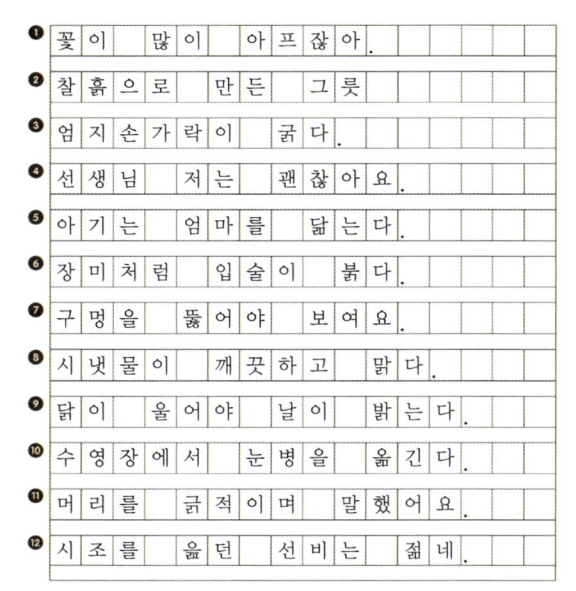

8회 67쪽

1. 굶주린 호랑이
2. 칡 뿌리가 굵다.
3. 닭 싸움에 진 수탉
4. 사람은 모두 늙는다.
5. 바지가 너무 닳아서
6. 공부할 기회를 잃다.
7. 많이 먹지 않았어요.
8. 빨래를 깨끗하게 삶다.
9. 사람은 흙 속에 묻힌다.
10. 사람들이 집을 옮겨 가요.
11. 깊은 산중에서 길을 잃다.
12. 닭살은 부드럽고 맛있어요.

종합 평가 1회

실제로 시험을 보는 자세로 임하게 지도해 주세요.
정확한 발음으로 한 번만 불러 주세요.

1회 68쪽

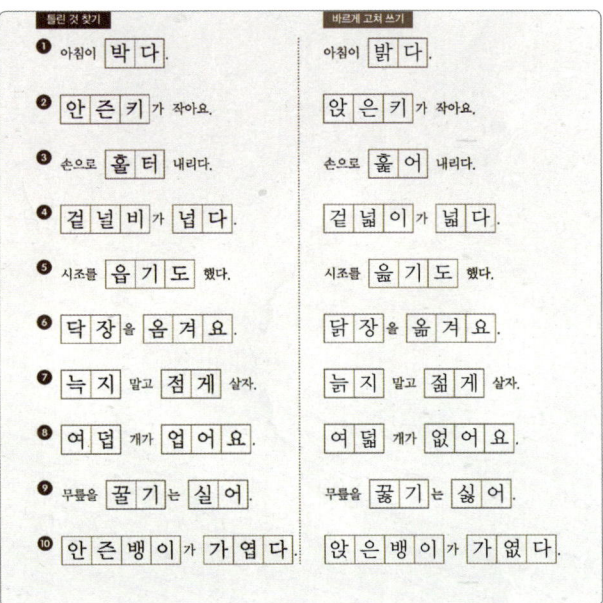

1회 69쪽

① 넓이가 넓다.
② 감의 맛이 떫다.
③ 아기의 눈이 맑다.
④ 값비싼 옷을 입고
⑤ 반죽이 너무 묽어요.
⑥ 찰흙으로 만든 그릇
⑦ 공부할 기회를 잃다.
⑧ 짐을 얹고 앉으세요.
⑨ 태양이 눈부시게 밝다.
⑩ 강아지가 얼굴을 핥고
⑪ 내 동생은 여덟 살이다.
⑫ 천장이 내려앉고 있어요.

종합 평가 1회

실제로 시험을 보는 자세로 임하게 지도해 주세요.
정확한 발음으로 한 번만 불러 주세요.

1회 70쪽

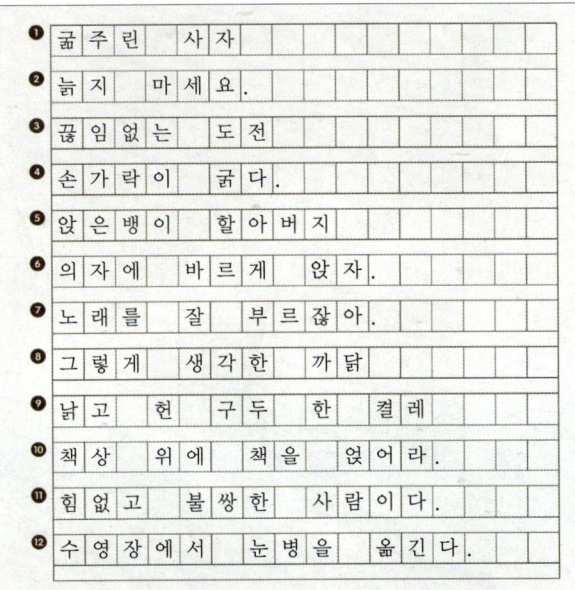

① 굶주린 사자
② 늙지 마세요.
③ 끊임없는 도전
④ 손가락이 굵다.
⑤ 앉은뱅이 할아버지
⑥ 의자에 바르게 앉자.
⑦ 노래를 잘 부르잖아.
⑧ 그렇게 생각한 까닭
⑨ 낡고 헌 구두 한 켤레
⑩ 책상 위에 책을 얹어라.
⑪ 힘없고 불쌍한 사람이다.
⑫ 수영장에서 눈병을 옮긴다.

1회 71쪽

① 쌀밥에 고깃국
② 볏단을 나르는
③ 헛바늘이 돈다.
④ 소문난 잔칫상
⑤ 고춧잎 버무린 것
⑥ 아랫집 윗집 사이에
⑦ 냇물에 발을 담그다.
⑧ 사각형의 둘레와 넓이
⑨ 의자에 앉아서 쉬어라.
⑩ 빨래를 깨끗이 삶는다.
⑪ 함께 둘러앉아 얘기해요.
⑫ 깊은 산속에서 길을 잃다.

종합 평가 1회

실제로 시험을 보는 자세로 임하게 지도해 주세요.
정확한 발음으로 한 번만 불러 주세요.

1회 72쪽

① 양갓집 규수
② 빗방울 전주곡
③ 잠자리의 뒷날개
④ 예삿일이 아니다.
⑤ 잿더미가 된 도시
⑥ 붕어 미끼는 깻묵
⑦ 닭싸움에 진 수탉
⑧ 배춧잎 속 배추벌레
⑨ 얇은 옷과 엷은 구름
⑩ 무릎을 꿇기는 싫어요.
⑪ 굶주렸던 일을 생각해요.
⑫ 머리를 긁적이며 말했어요.

★이것을 배웠어요★

31~33단계에서는 사이시옷 표기에 대하여, 34~35단계에서는 겹받침 쓰기에 대하여 공부하였습니다.

31단계	뒷말의 첫소리가 된소리로 나요
32단계	앞말에 'ㄴ' 소리가 덧나요
33단계	앞말과 뒷말에 'ㄴ'소리를 두 번 붙여요
34단계	받침이 두 개일 때 이렇게 발음해요 1
35단계	받침이 두 개일 때 이렇게 발음해요 2

★이것만은 다시 확인해요★

다음 세 가지를 아이가 정확하게 알고 있는지 주의 깊게 살펴보세요.
① 사이시옷 표기를 하는 세 가지 경우를 알고 있나요?
② 겹받침 중에서 앞의 받침으로 발음하는 것과 뒤의 받침으로 발음하는 것을 구별할 수 있나요?
③ 겹받침 'ㄶ, ㅀ' 뒤에 모음이 올 때와 'ㄱ, ㄷ, ㅈ'이 올 때 발음의 차이를 알고 있나요?

36단계

'ㄴ' 소리를 넣어서 발음해요.

★이것을 가르쳐 주세요★

　이 단계에서는 앞 글자에 받침이 있고, 뒷글자의 첫소리가 'ㅣ, ㅑ, ㅕ, ㅛ, ㅠ'인 경우 'ㄴ' 소리를 넣어서 소리 내는 것을 지도합니다.

• 앞 글자에 받침이 있고 뒷글자의 첫소리가 모음 'ㅣ, ㅑ, ㅕ, ㅛ, ㅠ'일 때, 'ㄴ'을 넣어서 소리 내는 현상 알기

★학습 목표★

• 받침이 뒤로 넘어가는 소리와 구별하기

　'ㄴ' 소리를 넣어서 발음하는 낱말은 앞 글자의 받침이 뒷글자의 첫소리로 넘어가서 발음되는 연음현상과 생김새가 매우 비슷합니다. 예를 들어 '담아'는 앞 글자의 받침 'ㅁ'이 뒷글자의 첫소리에 그대로 넘어가서 [다마]로 발음하지만, '담요'는 앞 글자의 받침 'ㅁ'은 그대로 있고, 'ㄴ' 소리만 넣어서 [담뇨]로 발음합니다. 다음과 같이 비교해 주세요.

쓰기	바르게 읽기	
담아	[담나]	[다마]
담요(담+요)	[담뇨]	[다묘]

★지도할 때 주의할 점★

• 'ㄴ' 소리를 넣어서 발음해도 글자의 모양이 변하지 않는다는 것을 기억하세요.
• 'ㄴ' 소리를 넣은 후에 소리 변화가 더 일어나는 낱말도 있으니 주의하셔야 합니다.
　예 색연필 –[색년필]–[생년필] / 호박잎–[호박닙]–[호방닙]
• 'ㄴ' 소리를 넣어서 발음하는 것 중에서 그대로 소리 내도 되는 낱말이 있습니다.
　예 야금야금[야금냐금/야그먀금], 금융[금늉/그뮹]
　그러나 위의 예는 매우 제한적으로 쓰이므로 아이에게 꼭 가르칠 필요는 없습니다.

낱말 연습하기 1, 2

아이 스스로 공부하도록 지도해 주세요.
진하게 쓴 글자를 바르게 쓰는지 확인해 주세요.

1회 76쪽

2회 77쪽

낱말 받아쓰기 1, 2

진하게 쓴 글자의 발음에 유의하며 한 번만 불러 주세요.
단, 받아쓰기가 익숙하지 않아 잘 못 알아들었을 경우 한 번 더 불러 주세요.

3회 78쪽

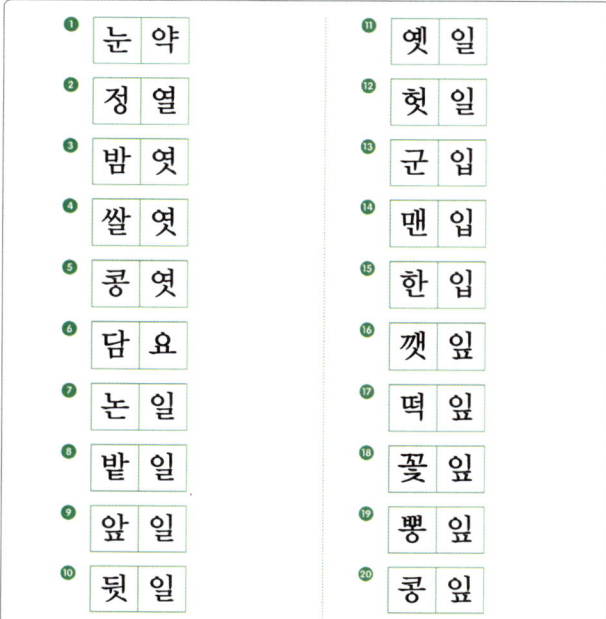

4회 79쪽

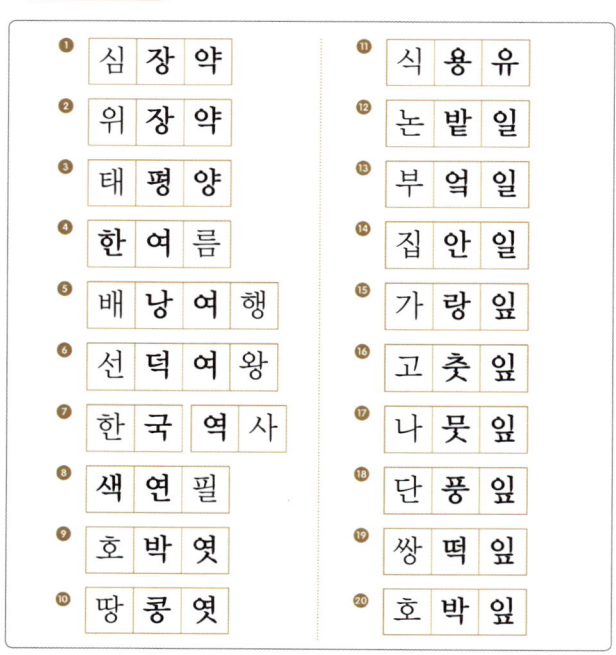

어구와 문장 연습하기 1, 2

아이 스스로 공부하도록 지도해 주세요.

5회 80쪽

① 정열의 나라 스페인
② 달콤하고 고소한 콩엿
③ 따뜻한 담요
④ 용용 죽겠지.
⑤ 밭일을 하러 나가다.
⑥ 옛일을 기억하다.
⑦ 군입이 늘다.
⑧ 한입에 먹다.
⑨ 비타민이 풍부한 감잎
⑩ 향긋한 깻잎

6회 81쪽

어구와 문장 받아쓰기 1, 2

정확한 발음으로 한 번만 불러 주세요. 단, 받아쓰기가 익숙하지 않아 잘 못 알아들었을 경우 한 번 더 불러 주세요. 띄어 쓴 부분은 짧게 띄어 읽어 주세요.

7회 82쪽

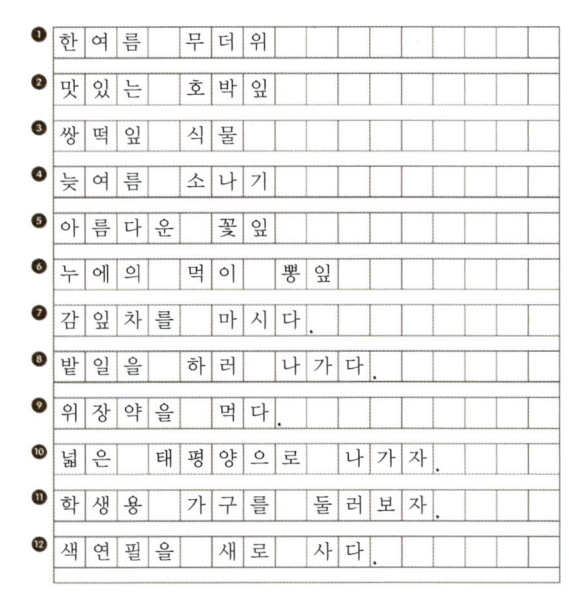

8회 83쪽

① 한여름 소낙비가 거세다.
② 뒷일을 걱정하지 말자.
③ 친구들과 함께했던 옛일들
④ 고기를 깻잎에 싸서 먹다.
⑤ 나뭇잎이 노랗게 물들었다.
⑥ 밭일을 하시는 엄마를 돕다.
⑦ 안약을 한 방울 떨어뜨리다.
⑧ 태평양에서 잡은 참치
⑨ 허드렛일로 시간을 보내다.
⑩ 정열에 불타는 젊은이들
⑪ 단풍잎이 붉게 물들었다.
⑫ 논밭일로 얼굴이 검게 타다.

37단계
'ㄹ' 소리를 넣어서 발음해요

★이것을 가르쳐 주세요★

이 단계에서는 앞 글자에 'ㄹ' 받침이 있고, 뒷글자의 첫소리가 'ㅣ, ㅑ, ㅕ, ㅛ, ㅠ'인 경우 'ㄹ' 소리를 넣어서 소리 내는 것을 지도합니다.

• 앞 글자에 'ㄹ' 받침이 있고 뒷글자의 첫소리가 모음 'ㅣ, ㅑ, ㅕ, ㅛ, ㅠ'일 때, 'ㄹ'을 넣어서 소리 내는 현상 알기

★학습 목표★

• 받침이 뒤로 넘어 가는 소리와 구별하기

'ㄹ' 소리를 넣어서 발음하는 낱말은 앞 글자의 받침이 뒷글자의 첫소리로 넘어가서 발음되는 연음현상과 생김새가 매우 비슷합니다. 예를 들어 '풀어'는 앞 글자의 받침 'ㄹ'이 뒷글자의 첫소리로 넘어가서 [푸러]로 발음하지만, '풀잎'은 앞 글자의 받침 'ㄹ'은 그대로 두고, 'ㄹ' 소리만 넣어서 [풀립]으로 발음합니다.

다음과 같이 비교해 주세요.

쓰기		바르게 읽기	
풀어	⇨	[풀러]	[푸러]
풀잎(풀+입)		[풀립]	[푸립]

★지도할 때 주의할 점★

• 'ㄹ' 소리를 넣어서 발음해도 글자의 모양이 변하지 않는다는 것을 계속 확인시켜 주시기 바랍니다.
• 'ㄹ' 소리를 넣어서 발음하는 현상과 반대로 'ㄹ' 소리를 빼고 발음하는 경우도 있습니다.
　예 따님(딸-님), 아드님(아들-님), 바느질(바늘-질)
　이와 같은 경우는 낱말의 수가 많지 않으므로 외우도록 지도하셔도 좋습니다.

낱말 연습하기 1, 2

아이 스스로 공부하도록 지도해 주세요.
진하게 쓴 글자를 바르게 쓰는지 확인해 주세요.

1회 86쪽

1. 알약
2. 서울역
3. 전철역
4. 물엿
5. 휘발유
6. 날울
7. 솔이끼
8. 돌잉어
9. 솔잎
10. 풀잎피리

2회 87쪽

1. '○○○의 꾐에 빠지다.'에 들어갈 말은 무엇인가요?
   ① 불너우 ② 불여우 — 불여우
2. '○○○은 유난히도 무더웠다.'에 알맞은 말은 무엇인가요?
   ① 올여름 ② 올려름 — 올여름
3. 아주 묽게 곤 엿은 무엇인가요?
   ① 물럿 ② 물엿 — 물엿
4. '들에 나가서 하는 일'을 무엇이라고 하나요?
   ① 들일 ② 들릴 — 들일
5. 돌에 끼는 이끼를 무엇이라고 하나요?
   ① 돌리끼 ② 돌이끼 — 돌이끼
6. '충분히 익지 못한'이라는 뜻을 지닌 말은 무엇인가요?
   ① 설릭은 ② 설익은 — 설익은
7. 하루하루 돈을 받고 하는 일을 무엇이라고 하나요?
   ① 날일 ② 날릴 — 날일
8. '드물고 이상한 일'이라는 뜻을 지닌 낱말은 무엇인가요?
   ① 별일 ② 별릴 — 별일
9. '하나하나', '낱낱이'라는 뜻을 지닌 낱말은 무엇인가요?
   ① 일럴이 ② 일일이 — 일일이
10. 떡갈나무의 다른 이름은 무엇인가요?
    ① 갈잎나무 ② 갈랲나무 — 갈잎나무

낱말 받아쓰기 1, 2

진하게 쓴 글자의 발음에 유의하며 한 번만 불러 주세요.
단, 받아쓰기가 익숙하지 않아 잘 못 알아들었을 경우 한 번 더 불러 주세요.

3회 88쪽

1. 물약
2. 알약
3. 볼일
4. 꿀엿
5. 물엿
6. 길옆
7. 날울
8. 날일
9. 들일
10. 물일
11. 별일
12. 날입
13. 갈잎
14. 솔잎
15. 풀잎

📖 메모

4회 89쪽

1. 불여우
2. 올여름
3. 서울역
4. 전철역
5. 지하철역
6. 휘발유
7. 돌이끼
8. 물이끼
9. 솔이끼
10. 몰이해
11. 설익다
12. 일일이
13. 돌잉어
14. 갈잎나무
15. 풀잎피리

📖 메모

어구와 문장 연습하기 1, 2

아이 스스로 공부하도록 지도해 주세요.

5회 90쪽

1. 물약이 쓰다.
2. 알약을 넘기다.
3. 올여름 소나기
4. 복잡한 전철역
5. 달콤한 물엿
6. 길옆 가로수
7. 바싹 마른 갈잎
8. 들일을 하러 나가다.
9. 은은한 풀잎 향기
10. 멋진 풀잎피리 소리

어구와 문장 받아쓰기 1, 2

정확한 발음으로 한 번만 불러 주세요. 단, 받아쓰기가 익숙하지 않아 잘 못 알아들었을 경우 한 번 더 불러 주세요. 띄어 쓴 부분은 짧게 띄어 읽어 주세요.

7회 92쪽

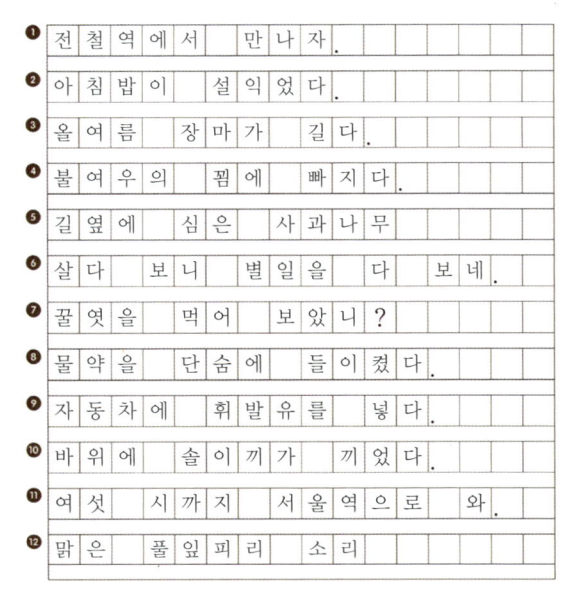

8회 93쪽

38단계

두 낱말 사이에 'ㄴ'이나 'ㄹ'을 넣어 발음해요

★이것을 가르쳐 주세요★

　두 낱말을 이어서 소리 낼 때가 있습니다. 이 때, 앞 글자에 받침이 있고 뒷글자의 첫소리가 'ㅣ, ㅑ, ㅕ, ㅛ, ㅠ'인 경우에는 'ㄴ'이나 'ㄹ'을 넣어서 소리 내는 것을 지도합니다.

- 두 낱말을 이어서 소리 낼 때, 앞 글자에 받침이 있고 뒷글자의 첫소리가 'ㅣ, ㅑ, ㅕ, ㅛ, ㅠ'인 경우, 'ㄴ'을 넣어서 소리 내는 현상 알기
- 두 낱말을 이어서 소리 낼 때, 앞 글자에 받침이 있고 뒷글자의 첫소리가 'ㅣ, ㅑ, ㅕ, ㅛ, ㅠ'인 경우, 'ㄹ'을 넣어서 소리 내는 현상 알기

★학습 목표★

- 'ㄴ'을 넣어서 소리 내는 현상 알기

　앞 글자에 받침이 있고, 뒷글자의 첫소리가 모음 'ㅣ, ㅑ, ㅕ, ㅛ, ㅠ'인 경우에는 'ㄴ' 소리를 넣어서 발음합니다.
　예 'ㄴ'을 넣어서 소리 내기 → 한 일 [한 닐]

- 'ㄹ'을 넣어서 소리 내는 현상 알기

　앞 글자에 'ㄹ' 받침이 있고, 뒷글자의 첫소리가 모음 'ㅣ, ㅑ, ㅕ, ㅛ, ㅠ'인 경우에는 'ㄹ' 소리를 넣어서 발음합니다.
　예 'ㄹ'을 넣어서 소리 내기 → 할 일 [할 릴]

★지도할 때 주의할 점★

- 두 낱말을 합쳐서 하나의 낱말로 만든 경우가 아니더라도, 두 낱말을 이어서 소리 낼 때 36, 37단계와 같은 조건이면, 'ㄴ' 또는 'ㄹ'을 넣어서 소리 냅니다.
- 다음과 같은 낱말에서는 'ㄴ'과 'ㄹ'을 넣어서 소리 내지 않습니다.
　예 6·25[유기오], 3·1절[삼일절], 송별연[송벼련]
　그러나 위의 예는 매우 제한적이므로 아이에게 꼭 가르칠 필요는 없습니다.

낱말 연습하기 1, 2

아이 스스로 공부하도록 지도해 주세요.
진하게 쓴 글자를 바르게 쓰는지 확인해 주세요.

1회 96쪽

2회 97쪽

낱말 받아쓰기 1, 2

진하게 쓴 글자의 발음에 유의하며 한 번만 불러 주세요.
단, 받아쓰기가 익숙하지 않아 잘 못 알아들었을 경우 한 번 더 불러 주세요.

3회 98쪽

4회 99쪽

어구와 문장 연습하기 1, 2

아이 스스로 공부하도록 지도해 주세요.

5회 100쪽

① 신나 는 야구 놀이
  신나 는 야구 놀이

② 저는 열 여 섯 살입니다.
  저는 열 여 섯 살입니다.

③ 하늘을 나 는 연
  하늘을 나 나 연

④ 맛있 는 엿 을 먹다.
  맛있 는 엿 을 먹다.

⑤ 무서 운 유 령을 보았다.
  무서 운 유 령을 보았다.

⑥ 깨 진 유 리를 조심해라.
  깨 진 유 리를 조심해라.

⑦ 순식간에 퍼질 이 야기
  순식간에 퍼질 이 야기

⑧ 무슨 일 을 더 할까요?
  무 슨 일 을 더 할까요?

⑨ 어려 운 일 을 당하다.
  어려 운 일 을 당하다.

⑩ 착 한 일 을 했습니다.
  착 한 일 을 했습니다.

6회 101쪽

틀린 것 찾기 / **바르게 고쳐 쓰기**

① 나의 스 물 ✗덟 번째 / 나의 스 물 여 덟 번째
② 무더운 ✗름에 / 무 더 운 여 름 에
③ 뛰 는 ✗치를 잡다. / 뛰 는 여 치 를 잡다.
④ 무서운 ✗령의 집 / 무 서 운 유 령 의 집
⑤ 보관할 ✗물 운반 / 보 관 할 유 물 운반
⑥ 본 ✗을 그대로 적어라. / 본 일 을 그대로 적어라.
⑦ 어 떤 ✗이 있었니? / 어 떤 일 이 있었니?
⑧ 착 한 ✗을 하는 내 짝 / 착 한 일 을 하는 내 짝
⑨ 꿈을 펼 칠 ✗만 남았다. / 꿈을 펼 칠 일 만 남았다.
⑩ 그게 화 낼 ✗이니? / 그게 화 낼 일 이니?

어구와 문장 받아쓰기 1, 2

정확한 발음으로 한 번만 불러 주세요. 단, 받아쓰기가 익숙하지 않아 잘 못 알아들었을 경우 한 번 더 불러 주세요. 띄어 쓴 부분은 짧게 띄어 읽어 주세요.

7회 102쪽

① 서른여섯 가지 약속
② 이제 잘 일만 남았어.
③ 할 일이 태산이다.
④ 무슨 일이 있구나?
⑤ 맛있는 엿을 먹자.
⑥ 깨진 유리를 조심해.
⑦ 무서운 유령의 집
⑧ 재미있는 야구 놀이
⑨ 어차피 퍼질 이야기
⑩ 신나는 요리 시간
⑪ 방학 동안 했던 일
⑫ 어려운 일을 당하다.

8회 103쪽

① 열여섯 번째 생일입니다.
② 어려운 일을 당한 친구
③ 마음씨가 예쁜 여자 친구
④ 보관할 유물을 운반하다.
⑤ 아무런 일도 아니다.
⑥ 네 꿈을 펼칠 일만 남았다.
⑦ 더운 여름에 팥빙수를 먹다.
⑧ 그게 화낼 일이니?
⑨ 작은 여치가 참 귀엽다.
⑩ 영리한 여우가 말했다.
⑪ 어려운 역할을 잘 해내다.
⑫ 할 일 없으면 공부나 해.

31

중간 평가 2회

실제로 시험을 보는 자세로 임하게 지도해 주세요.
정확한 발음으로 한 번만 불러 주세요.

2회 104쪽

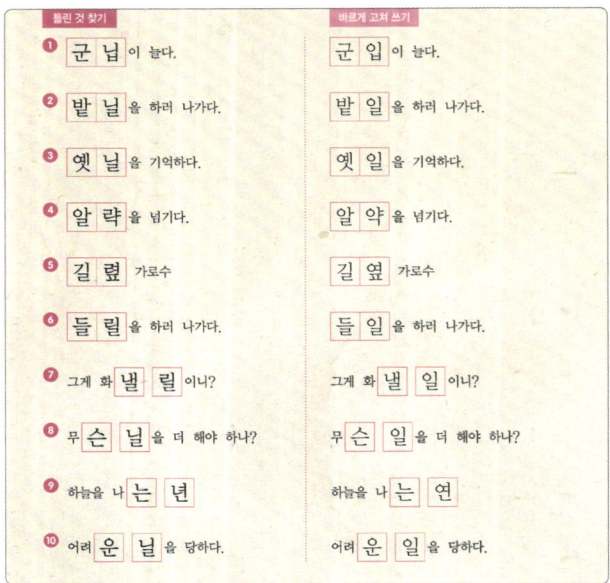

2회 105쪽

틀린 것 찾기	바르게 고쳐 쓰기
① 호 박 닢 을 쪄 먹다.	호 박 잎 을 쪄 먹다.
② 바 깥 닐 을 하고 돌아오다.	바 깥 일 을 하고 돌아오다.
③ 넓디 넓은 태 평 냥	넓디 넓은 태 평 양
④ 살면서 별 릴 을 다 겪는다.	살면서 별 일 을 다 겪는다.
⑤ 올 려 를 더위가 한창이다.	올 여 름 더위가 한창이다.
⑥ 솔 맆 넣고 송편을 찌다.	솔 잎 넣고 송편을 찌다.
⑦ 무더 운 녀 름에는 수박이 최고야!	무더 운 여 름에는 수박이 최고야!
⑧ 방학 때 어 떤 닐 을 했니?	방학 때 어 떤 일 을 했니?
⑨ 옷을 잘 립 는 내 친구	옷을 잘 입 는 내 친구
⑩ 보관 할 류 물들을 운반하다.	보관 할 유 물들을 운반하다.

중간 평가 2회

실제로 시험을 보는 자세로 임하게 지도해 주세요.
정확한 발음으로 한 번만 불러 주세요.

2회 106쪽

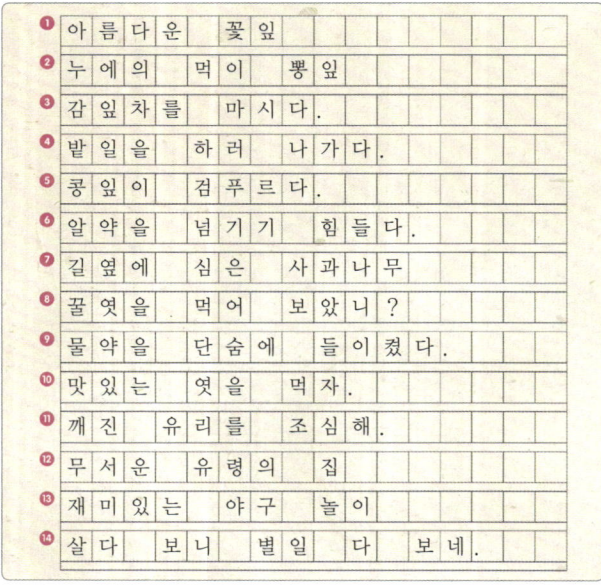

2회 107쪽

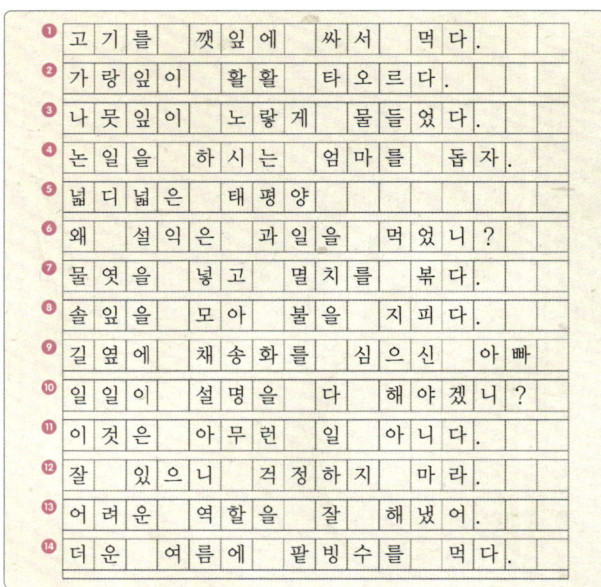

39단계
외워서 써야 해요

★이것을 가르쳐 주세요★

이 단계에서는 소리 나는 대로 적을 때와 어법에 맞도록 적는 것이 서로 다를 경우 발생하는 문제를 다룹니다. 표준어로 정한 낱말들은 '소리 나는 대로 적기'와 '어법에 맞게 적기'의 충돌을 해소하기 위해 약속으로 정한 낱말들입니다.

- 표준어로 정한 낱말들 알기

★학습 목표★

- 기술자에게는 '장이', 그 외에는 '쟁이'를 붙입니다.

  예) 유기장이, 미장이 / 멋쟁이, 소금쟁이

- 암수를 구별하는 말 중 수컷은 '수'로 통일합니다.

  예) 수꿩, 수소, 수놈, 수은행나무
  단, 뒤에 거센소리가 오면 소리 나는 대로 적습니다. 또한 '양, 염소, 쥐'는 '숫'으로 적습니다.
  예) 수캉아지, 수캐, 수탉, 수평아리 / 숫양, 숫염소, 숫쥐

- '아래, 위'의 대립이 있는 말은 '윗-'으로 통일합니다.

  예) 윗니, 윗도리, 윗목, 윗몸, 윗눈썹, 윗배 / 웃돈, 웃어른
  단, 뒤에 된소리나 거센소리가 오면 '위'로 적습니다.
  예) 위턱, 위채, 위층, 위팔

★지도할 때 주의할 점★

이 단계에서 배우는 낱말들은 어른들도 틀리기 쉬운 부분입니다. 평소 국어사전을 가까이하는 습관을 갖도록 하는 것이 가장 중요합니다. 자신만의 '표준어 사전'을 만들어 새로 알게 된 표준어 낱말을 기록하게 하십시오. 일정한 정도에 이를 때마다 보상해 주는 방법으로 표준어에 대한 관심을 높일 수도 있습니다. 생활 속에서 표준어를 확인할 수 있는 다양한 상황이나 기회를 제공해 주십시오.

낱말 연습하기 1, 2

아이 스스로 공부하도록 지도해 주세요.
진하게 쓴 글자를 바르게 쓰는지 확인해 주세요.

1회 110쪽

2회 111쪽

낱말 받아쓰기 1, 2

진하게 쓴 글자의 발음에 유의하며 한 번만 불러 주세요.
단, 받아쓰기가 익숙하지 않아 잘 못 알아들었을 경우 한 번 더 불러 주세요.

3회 112쪽

1. 멸치
2. 생쥐
3. 상추
4. 윗니
5. 웃돈
6. 구절
7. 글귀
8. 주책
9. 사돈
10. (첫)돌
11. 귀띔
12. 윗입술
13. 웃어른
14. 깍쟁이
15. 미장이
16. 귀이개
17. 귀고리
18. 막둥이
19. 흰둥이
20. 봉숭아

4회 113쪽

1. 설거지
2. 뻐기다
3. 허드레
4. 풋내기
5. 목메다
6. 꼭두각시
7. 담배꽁초
8. 호루라기
9. 밀짚모자
10. 시름시름
11. 우두커니
12. 쏜살같이
13. 까딱하면
14. 나무라다
15. 무말랭이
16. 애달프다
17. 냠냠거리다
18. 망가뜨리다
19. 수두룩하다
20. 지루하다

어구와 문장 연습하기 1, 2

아이 스스로 공부하도록 지도해 주세요.

5회 114쪽

① 시원한 멸치 국물
시원한 멸치 국물

② 윗니와 아랫니를 골고루
윗니와 아랫니를 골고루

③ 주책 없는 여자
주책 없는 여자

④ 진주 목걸이와 귀고리
진주 목걸이와 귀고리

⑤ 아서라, 다칠라.
아서라, 다칠라.

⑥ 허드레로 입는
허드레로 입는

⑦ 사글세를 살다.
사글세를 살다.

⑧ 조건이 까다롭다.
조건이 까다롭다.

⑨ 의자를 망가뜨리다.
의자를 망가뜨리다.

⑩ 그릇을 설거지하다.
그릇을 설거지하다.

6회 115쪽

틀린 것 찾기	바르게 고쳐 쓰기
① 사둔을 맺다.	사돈을 맺다.
② 상치 쌈을 입에 물고	상추 쌈을 입에 물고
③ 웃층으로 올라가는 계단	위층으로 올라가는 계단
④ 웃어른을 모시고	웃어른을 모시고
⑤ 봉숭화 물을 들이다.	봉숭아 물을 들이다.
⑥ 종이가 누렇게 바래다.	종이가 누렇게 바래다.
⑦ 꼭 두각시 인형	꼭두각시 인형
⑧ 미류나무 꼭대기에	미루나무 꼭대기에
⑨ 깡총깡총 뛰어가네.	깡충깡충 뛰어가네.
⑩ 기다리기 지리하다	기다리기 지루하다

어구와 문장 받아쓰기 1, 2

정확한 발음으로 한 번만 불러 주세요. 단, 받아쓰기가 익숙하지 않아 잘 못 알아들었을 경우 한 번 더 불러 주세요. 띄어 쓴 부분은 짧게 띄어 읽어 주세요.

7회 116쪽

① 끄나풀로 동여매다.
② 위층 아이가 떠들어요.
③ 웃돈을 주고 산 약
④ 아궁이에 불을 지피다.
⑤ 냇가에서 소금쟁이를 잡다.
⑥ 오뚝이처럼 다시 일어나다.
⑦ 요즘 까딱하면 화를 낸다.
⑧ 침대에서 윗몸을 일으키다.
⑨ 미숫가루 한 잔 드세요.
⑩ 알에서 수평아리가 깨어나다.
⑪ 밀짚모자를 쓰고 밭일하다.
⑫ 호루라기를 불어 소리 내다.

8회 117쪽

① 하늘을 나는 솔개처럼
② 윗눈썹이 유달리 길다.
③ 명절빔을 선물로 받다.
④ 서울 깍쟁이처럼 굴다.
⑤ 담배꽁초를 버리지 맙시다.
⑥ 먼 산만 우두커니 바라보다.
⑦ 필통에 연필 네 자루 있어
⑧ 담쟁이가 벽을 타고 오르다.
⑨ 다른 글에서 보고 쓴 인용구
⑩ 넷째 손가락에 반지를 끼다.
⑪ 끝나면 으레 집으로 간다.
⑫ 허드렛일까지 챙기다.

40단계
'이'나 '히'로 써요

★이것을 가르쳐 주세요★

이 단계는 '이'로 끝나는 낱말과 '히'로 끝나는 낱말을 정확히 구분하여 발음하고 쓰는 데 초점을 두고 지도합니다.

- '이'로 끝나는 낱말 알기
- '히'로 끝나는 낱말 알기
- 끝 글자가 '이'나 '히'로 소리 나는 낱말은 '히'로 적기

★학습 목표★

- '이'로 끝나는 낱말 알기
 - 받침에 'ㅅ'이 있는 경우 : 예 깨끗이, 느긋이, 의젓이, 반듯이, 따뜻이
 - 'ㅂ' 받침이 있는 경우 : 예 가벼이, 기꺼이, 너그러이, 외로이, 새로이
 - 같은 말이 반복되는 경우 : 예 겹겹이, 번번이, 짬짬이, 앞앞이, 알알이, 줄줄이, 틈틈이
 - '히'로 발음하는 것이 어색한 경우 : 예 많이, 헛되이, 날카로이, 고이

- '히'로 끝나는 낱말 알기
 - '히'로만 적는 낱말 : 예 극히, 급히, 딱히, 속히, 작히, 족히, 특히, 엄격히, 정확히
 - '이'로 소리 나는 낱말을 제외한 낱말

- 끝 글자가 '이'나 '히'로 소리 나는 낱말은 '히'로 적기
 - 끝이 '이'나 '히'로 소리 나는 경우는 모두 '히'로 적기

★지도할 때 주의할 점★

'이'나 '히'로 적을 때 표준 발음을 정확히 알고 있으면 쉽게 구분할 수 있지만, 표준 발음을 모를 경우 구분하기 어렵습니다. 특히 아이들의 경우, 아직 발음이 정확하지 않기 때문에 평소 정확하게 발음하는 연습이 필요합니다.

또 '이'와 '히'로 나는 소리를 구분할 때, '이'로 소리 나는 것만을 정확하게 기억하도록 하고 나머지는 모두 '히'로 쓰도록 지도하는 방법도 있습니다.

낱말 연습하기 1, 2

아이 스스로 공부하도록 지도해 주세요.
진하게 쓴 글자를 바르게 쓰는지 확인해 주세요.

1회 120쪽

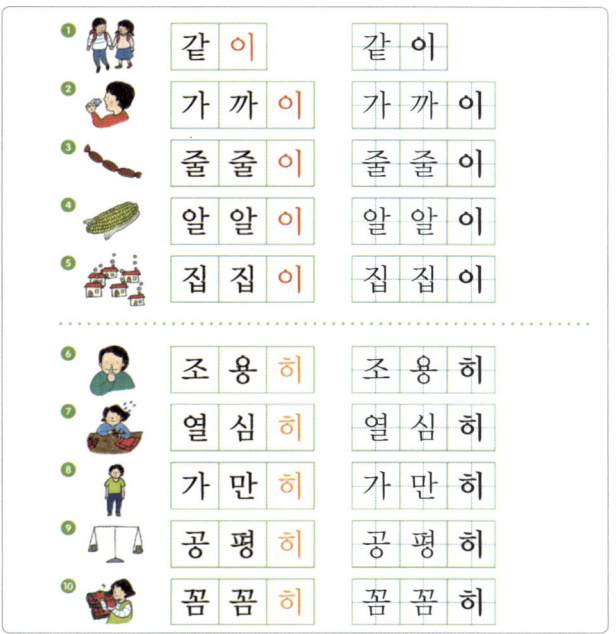

2회 121쪽

① '아래에서 위까지의 길이'를 가리키는 말은 무엇인가요?
　① 높히　　② **높이**　　③ 노피　　　높 이

② '급작스레, 갑자기'의 다른 말은 무엇인가요?
　① **급히**　② 급이　　　　　　　　　급 히

③ '특별히, 유달리'라는 뜻을 가진 말은 무엇인가요?
　① **특히**　② 특이　　　　　　　　　특 히

④ '깊이깊이 생각하는 모습'을 가리키는 말은 무엇인가요?
　① 곰곰히　② **곰곰이**　　　　　　　곰 곰 이

⑤ 점잖고 무게 있는 행동을 가리키는 말은 무엇인가요?
　① **의젓이**　② 의젓히　　　　　　　의 젓 이

⑥ 서두르지 않고 여유있는 행동을 가리키는 말은 무엇인가요?
　① 느긋히　② **느긋이**　③ 느그시　　느 긋 이

⑦ 바르고 확실하게 하는 행동을 가리키는 말은 무엇인가요?
　① **정확히**　② 정확이　③ 정화기　　정 확 히

⑧ 결단성이 있고 용감한 행동을 가리키는 말은 무엇인가요?
　① **과감히**　② 과감이　　　　　　　과 감 히

⑨ 허락 없이 일을 하는 것을 가리키는 말은 무엇인가요?
　① **무단히**　② 무단이　　　　　　　무 단 히

⑩ 끝이 뾰족한 모양을 가리키는 말은 무엇인가요?
　① 날카로히　② **날카로이**　　　　　날 카 로 이

낱말 받아쓰기 1, 2

진하게 쓴 글자의 발음에 유의하며 한 번만 불러 주세요.
단, 받아쓰기가 익숙하지 않아 잘 못 알아들었을 경우 한 번 더 불러 주세요.

3회 122쪽

4회 123쪽

① 정확히　　　⑪ 강력히
② 고요히　　　⑫ 상당히
③ 솔직히　　　⑬ 다분히
④ 쓸쓸히　　　⑭ 다급히
⑤ 도저히　　　⑮ 과감히
⑥ 분명히　　　⑯ 다정히
⑦ 엄격히　　　⑰ 번거로이
⑧ 각별히　　　⑱ 대수로이
⑨ 간편히　　　⑲ 다소곳이
⑩ 꼼꼼히　　　⑳ 나긋나긋이

어구와 문장 연습하기 1, 2

아이 스스로 공부하도록 지도해 주세요.

5회 124쪽

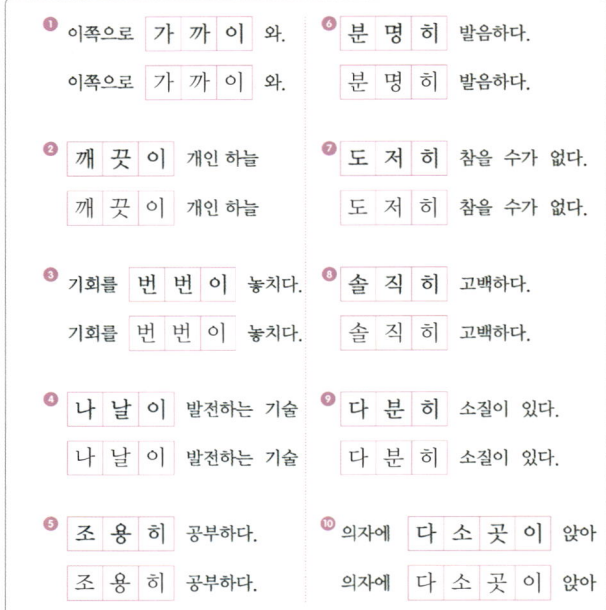

6회 125쪽

어구와 문장 받아쓰기 1, 2

정확한 발음으로 한 번만 불러 주세요. 단, 받아쓰기가 익숙하지 않아 잘 못 알아들었을 경우 한 번 더 불러 주세요. 띄어 쓴 부분은 짧게 띄어 읽어 주세요.

7회 126쪽

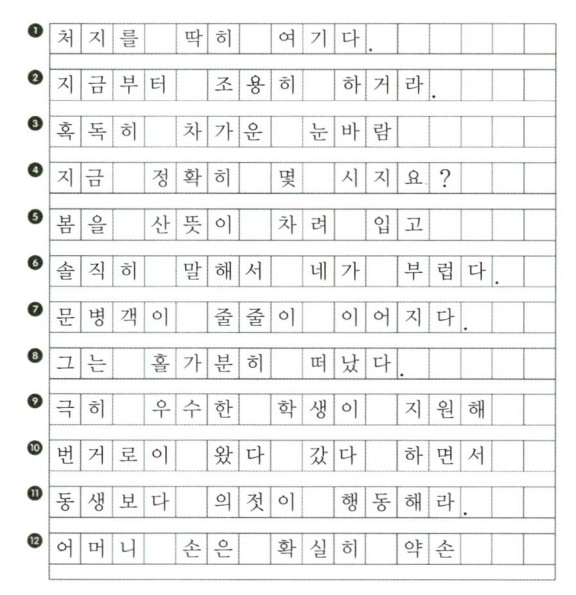

8회 127쪽

❶	능히		일을		해내다.			
❷	일일이		트집을		잡다.			
❸	강변에		다정히		앉아서			
❹	버젓이		가정을		꾸리고			
❺	다소곳이		머리를		숙이다.			
❻	천천히		시내를		구경하다.			
❼	잘못을		낱낱이		드러내다.			
❽	월간지를		다달이		구독하다.			
❾	댓돌		위에		신발들이		나란히	
❿	방학을		헛되이		보내지		말고	
⓫	끝나는		대로		속히		오시오.	
⓬	오늘은		각별히		맛이		좋아.	

종합 평가 2회

실제로 시험을 보는 자세로 임하게 지도해 주세요.
정확한 발음으로 한 번만 불러 주세요.

2회 128쪽

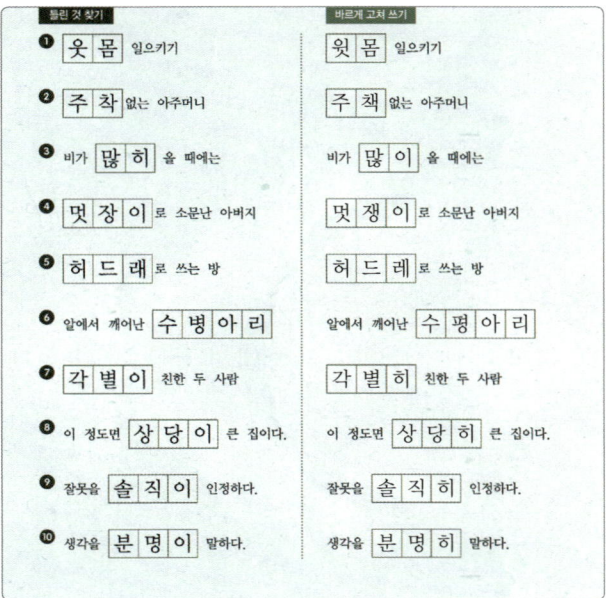

2회 129쪽

① 오뚝이처럼 다시 일어나
② 언덕 위에 수소가 많다.
③ 담배꽁초를 주워 모으다.
④ 친구한테 책을 빌리다.
⑤ 물에 빠진 생쥐처럼 보인다.
⑥ 손수건을 고이 접어
⑦ 두 시간 가까이 기다렸지만
⑧ 대수로이 여길 일이 아니다.
⑨ 분명히 발음하다.
⑩ 공평히 벌을 내리다.
⑪ 웃어른께 공손히 인사하기
⑫ 도서실에서 조용히 공부하기

종합 평가 2회

실제로 시험을 보는 자세로 임하게 지도해 주세요.
정확한 발음으로 한 번만 불러 주세요.

2회 130쪽

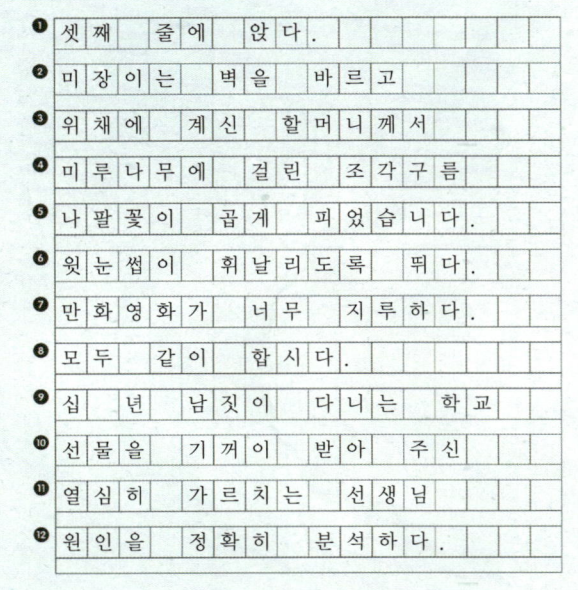

2회 131쪽

① 쉽게 깨질 유리컵
② 장미꽃 꽃잎 한 장
③ 우산이끼와 솔이끼
④ 그게 화낼 일인가요?
⑤ 식용유 한 병 사 오너라.
⑥ 부서진 알약을 먹는 방법
⑦ 색연필로 곱게 색칠하다.
⑧ 냄비에 라면을 끓이자.
⑨ 마지막으로 태어난 막둥이
⑩ 삼촌이 심부름을 시키셨다.
⑪ 겹겹이 옷을 껴입다.
⑫ 천천히 걸어서 구경하세요.

종합 평가 2회

실제로 시험을 보는 자세로 임하게 지도해 주세요.
정확한 발음으로 한 번만 불러 주세요.

2회 132쪽

1. 옷 입고 뛰어나가다.
2. 노란 은행잎이 아름답다.
3. 서울역 앞에서 만나자.
4. 예쁜 옷을 잘 입고 다닌다.
5. 사람들로 복잡한 전철역
6. 강낭콩을 넣어 밥을 짓다.
7. 할 일 없으면 잠이나 자라.
8. 풋내기가 새로 들어오다.
9. 새 장난감을 망가뜨리다.
10. 손님을 따뜻이 대하다.
11. 혼자 쓸쓸히 집을 지키다.
12. 새 일에 과감히 도전하다.

★이것을 배웠어요★

36~38단계에서는 'ㄴ'과 'ㄹ'을 넣어 소리 내는 낱말 알기, 39단계에서는 표준어로 정한 낱말 알기, 마지막 40단계에서는 '이'나 '히'로 소리 나는 낱말 구별하기에 대해 공부하였습니다.

36단계	'ㄴ' 소리를 넣어서 발음해요
37단계	'ㄹ' 소리를 넣어서 발음해요
38단계	두 낱말 사이에 'ㄴ'이나 'ㄹ'을 넣어 발음해요
39단계	외워서 써야 해요
40단계	'이'나 '히'로 써요

★이것만은 다시 확인해요★

다음 세 가지를 아이가 정확하게 구별하는지 주의 깊게 살펴보세요.
① 'ㄴ'과 'ㄹ'을 넣어 소리 내는 낱말의 원래 모양을 기억할 수 있나요?
② 표준어로 정해진 낱말을 정확하게 알고 있나요?
③ '이'나 '히'로 소리 나는 낱말을 구별하여 쓸 수 있나요?

국내 최초! 우리말 어법에 기초한 받아쓰기 프로그램!

이 책은 초등 국어 교과서를 집필한 최영환 교수가 우리말의 원리와 아이의 언어 습득 과정을 분석하여 만든 특별한 받아쓰기 프로그램입니다. 이 프로그램을 통하여 아이는 국어 듣기, 쓰기 능력을 놀랍도록 향상시킬 수 있고, 국어 공부에 필요한 다양한 문법 지식까지 자연스럽게 익힐 수 있습니다. 총 4권, 40단계로 구성되어 있으며 학년에 관계 없이 1권부터 공부할 수 있도록 짜여진 프로그램식 교재입니다.

권	장	주제	단계	내용
1권	1장	받침이 없는 쉬운 음절	1단계	쉬운 모음과 자음이 있는 음절을 써요
			2단계	어려운 자음이 있는 음절을 써요
			3단계	헷갈리는 모음이 있는 음절을 써요
	2장	받침이 있는 쉬운 음절	4단계	받침 'ㅇ, ㄹ, ㅁ'이 있는 음절을 써요
			5단계	받침 'ㄱ, ㄴ, ㅂ'이 있는 음절을 써요
	3장	받침이 없는 어려운 음절	6단계	모음 'ㅕ, ㅟ'를 구별해요
			7단계	모음 'ㅐ, ㅖ, ㅢ'를 구별해요
			8단계	모음 'ㅚ, ㅙ, ㅞ'를 구별해요
	4장	받침이 있는 어려운 음절	9단계	받침과 어려운 모음이 있는 음절을 써요 1
			10단계	받침과 어려운 모음이 있는 음절을 써요 2
2권	1장	연음법칙 1	11단계	받침 'ㄹ, ㅁ'이 뒤로 넘어가요
			12단계	받침 'ㄱ, ㄴ, ㅂ'이 뒤로 넘어가요
			13단계	어려운 모음 아래 받침이 뒤로 넘어가요
	2장	연음법칙 2	14단계	받침 'ㅋ, ㄲ, ㅍ'이 뒤로 넘어가요
			15단계	받침 'ㄷ, ㅅ, ㅆ, ㅈ, ㅊ, ㅌ'이 뒤로 넘어가요
	3장	된소리되기 1	16단계	받침 'ㄱ, ㄷ, ㅂ' 때문에 된소리가 나요
			17단계	받침 'ㄴ, ㄹ, ㅁ, ㅇ' 때문에 된소리가 나요
			18단계	어려운 모음 아래 받침 때문에 된소리가 나요
	4장	된소리되기 2	19단계	'ㅋ, ㄲ, ㅍ' 때문에 된소리가 나요
			20단계	'ㅅ, ㅆ, ㅈ, ㅊ, ㅌ' 때문에 된소리가 나요
3권	1장	구개음화와 거센소리되기	21단계	'ㄷ'을 'ㅈ'으로 발음해요
			22단계	'ㅎ' 뒤에서 거센소리가 나요
			23단계	받침 때문에 'ㅎ'이 바뀌어요
	2장	음절의 끝소리	24단계	받침을 'ㅂ'과 'ㄱ'으로 발음해요
			25단계	받침을 'ㄷ'으로 발음해요
	3장	자음동화	26단계	'ㄱ, ㄲ, ㅋ'의 발음이 달라져요
			27단계	'ㄷ, ㅂ'의 발음이 달라져요
			28단계	'ㄴ, ㄹ'의 발음이 달라져요
	4장	틀리기 쉬운 것들	29단계	된소리로 쓰면 안 돼요
			30단계	소리는 같지만 글자가 달라요
4권	1장	사이시옷	31단계	뒷말의 첫소리가 된소리로 나요
			32단계	앞말에 'ㄴ' 소리가 덧나요
			33단계	앞말과 뒷말에 'ㄴ' 소리를 두 번 붙여요
	2장	겹받침 쓰기	34단계	받침이 두 개일 때 이렇게 발음해요 1
			35단계	받침이 두 개일 때 이렇게 발음해요 2
	3장	음운첨가	36단계	'ㄴ' 소리를 넣어서 발음해요
			37단계	'ㄹ' 소리를 넣어서 발음해요
			38단계	두 낱말 사이에 'ㄴ'이나 'ㄹ'을 넣어 발음해요
	4장	외워야 할 것들	39단계	외워서 써야 해요
			40단계	'이'나 '히'로 써요

어떤 낱말도, 어떤 문장도 척척!
엄마, 이젠 뭐든지 받아쓸 수 있어요~!